JN076967

WORKS for WOMEN

WOMEN

女性の職業のすべて

2025年版

啓明書房

はじめに

　みなさまはさまざまな理由で、本書を手にしてくださったこと
と思います。

　近い将来、自分が働く姿を想像する学生の方、働き始めたけれ
ど現状に満足できず自分らしさを生かした仕事に就きたいと考え
る社会人の方、また結婚や出産でしばらく仕事から遠ざかってい
た方……、などかもしれません。

　本書は、就職・転職を考えるみなさまのために、できるだけ多
くの職業を紹介しました。仕事の内容や収入、必要な資格や学歴
など、さまざまな角度から解説。特に、資格の必要なものについ
ては、試験の日程や科目、難易度なども掲載しました。

　「仕事を選ぶ」ということは、大変なことです。自分の適性や仕
事の内容、収入、将来性など、たくさんのことを熟慮して慎重に
なるのが普通です。仕事によっては、本人のやる気次第ですぐに
でも始められるものから、条件や制限が厳しくすぐには始められ
ないものまでさまざま。今まで自分が知らなかった情報や知識を
集めることは視野を広げることになり、また「仕事選び」に迷う
ということは、考え方によっては「本当の自分を理解する」ひと
つのきっかけになるともいえます。

　仕事を選ぶときに、「収入は？」、「休日は？」、「会社の規模は？」
などを、優先事項にすることは一概に悪いといえません。しかし、
「自分はどんな仕事に向いているのだろうか？」、「自分が向いてる
仕事は他にあるのではないか？」、そんな根本的な疑問が生じたと
き、本書がみなさまの「自分を見つめる」ひとつの参考になれば
幸いです。

女性の職業研究会

女性の職業のすべて

Contents

第1章　仕事さがしの STEP BY STEP

第2章　ジャンル別職業ガイド

No.1　ファッション

No.2　マスコミ

No.5　サービス

No.6 クリエイティブ

No.7 芸能・音楽・映像

No.8 旅行・運輸・運送

No.9　医療

No.10　福祉

No.11　教育

No.12　公務員

No.13　スポーツ

第1章

仕事さがしの STEP BY STEP

就職はライフスタイルを決定する大きな選択

◎ 現実をしっかりとらえよう

　就職を考えるとき、最初は誰でも華やかさやかっこよさにあこがれるものです。しかし仕事というのは、生活にかかわる経済的な問題もあります。ですから、収入や将来性といった現実的な面も十分に理解しておくことが必要です。

◎ 社会の動きをチェック

　就職の状況は、その時々の経済状態によって大きく左右されます。また、景気の善し悪しは全業種に同じ程度で現れるわけではありません。不況といわれる中でも、そこそこの活況を呈している業種もあります。就職は日々の生活にも大きくかかわってきますから、長期的な観点に立って考えることも大切です。

◎ 自分の人生設計を考慮する

　女性の場合、結婚・出産が大きな問題になることがあります。結婚しても仕事が続けられるのか、子どもができたら一時的に休暇が取れるのかなどといった条件についても、自分の将来像をイメージしながらよく考えてみましょう。

あなたの資質と相性のよい仕事は？

　あなたと相性のよい仕事を探すためには、まず、自分自身を客観的に見つめることが大切です。ここでは、性格を大きく4タイプに分け、それぞれについて適職をまとめてみました。

もちろんどんな仕事でも、さまざまな側面を持っています。グラフィックやインテリアといったデザインの仕事でも、ただモノ作りをしていればよいというものではありません。自分の作品を売り込むための営業努力や、付随する雑務をテキパキこなしていく処理能力が要求されます。

いずれにしても仕事には適性があることも事実です。自分の性格を客観的に見て、長所が生かせる仕事を探すための参考にしてください。

社交的なひと

ワイワイ楽しむのが好きな明るいタイプのひとには、ひとと接する仕事が向いています。持ち前の行動力を発揮して円滑な人間関係で仕事もはかどるでしょう。適性の高い仕事としては、営業、飲食店や物品販売など、また雑誌や新聞の編集者や記者、テレビのリポーターなどがあげられます。

芸術家タイプのひと

感性が豊かなひとには、クリエイティブな仕事や、ユニークな思考を必要とする研究職が向いているでしょう。たとえばデザインでは、服飾、インテリア、グラフィックなどがあります。研究職も大学に限らず、民間の研究開発部門など。さらには、伝統芸能などの職人の道も考えられます。

献身的なひと

堅実、ヒューマニストのひとには、医療や社会福祉系の仕事が向いているでしょう。看護師や医師といった医療の現場は責任重大でハードワークですが、やりがいのある仕事です。また、老人ホームや児童養護施設をはじめとする社会福祉施設の職員は、今後も需要の高い職場です。

堅実的なひと

地道なタイプのひとは、人生においてもマイペースを重視します。しっかりした人生設計のためにも、安定した収入が確保されている公務員がよいでしょう。公務員とひと口にいっても仕事の内容はさまざまです。また、大企業の総務部門なども、多様な仕事をこなせるあなたにぴったりです。

13

仕事の性格を理解する

　自分のことを客観的に見つめなおしたら、次は仕事そのものをよりよく理解しなければなりません。理解へのアプローチはさまざまですが、ここでは、資格・収入・なりやすさ・将来性・安定性・注目度という、6つの観点から見てみました。いくつかの基準や観点（収入や将来性など）を作ってみると、自分の希望や志向がはっきりしてきます。

　ひとつの目安として、5つの仕事を選び分析してみました。☆の数が多いほど、より有利であることを示しています。たとえば、「収入」では、弁護士が最も高収入であり、教員、看護師、デザイナーはそれほど大差がないという意味です。もちろん、有名なデザイナーは莫大な収入を得ますから、厳密な比較はできませんが、平均的な目安として考えてください。また、職業の性格についても検討できます。たとえば、アナウンサーは高収入で華やかだけれども、就職するのは非常にむずかしい。一方、教員や公務員は地味で高収入は期待できないけれども、安定度はいちばん……、といったことがわかります。

❀ 項目別・グレード ❀

代表的な仕事 関連職業	資　格	収　入	なりやすさ	将来性	安定性	注目度
弁　護　士 公認会計士・税理士 司法書士	国家資格	☆☆☆☆	☆	☆☆☆☆☆	☆☆	☆☆☆
教　員 公務員	国家資格	☆☆	☆☆☆	☆☆	☆☆☆☆☆	☆
看　護　師 臨床検査技師・放射線技師 理学療法士	国家資格	☆☆	☆☆☆	☆☆☆	☆☆☆	☆☆
デザイナー イラストレーター	な　し	☆☆	☆☆☆	☆☆	☆☆	☆☆☆
アナウンサー リポーター	な　し	☆☆☆	☆	☆☆	☆☆	☆☆☆☆

就職に必要な
学歴・資格・技術を知る

　やりたい仕事が決まったら、これから何をすればよいのかを具体的に考えていく必要があります。あこがれや希望だけでは、目標達成は果たせません。ここでは、学歴と資格にしぼって、簡単にまとめてみました。

◉ 学　歴

　大学を出なければなれない職業は、あまり多くありません。大学卒業を必要とする職業は、代表的なものに医師、歯科医師、薬剤師、獣医師、教員などがあげられます。国家試験の中で最難関といわれる司法試験は学歴制限がありません。

高校 → 大学 → 資格 → 就職

◉ 資　格

　学歴ではなく特定の資格がないとなれないという職業もあります。看護師や臨床検査技師などの医療関係の仕事は、おおかたここに入ります。その他、弁護士、裁判官、検察官になるためには、先述した司法試験に合格しなければなりません。

高校 → 大学／専門学校 → 資格 → 就職

◉ 技　術

　学歴・資格などいっさい関係なく、すべては自分の腕次第という仕事はたくさんあります。スポーツ選手や芸能人などの特殊な仕事はもちろんですが、その他、作家、デザイナー、イラストレーターなど芸術的センスを必要とする仕事も該当します。

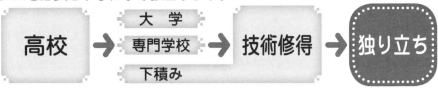

高校 → 大学／専門学校／下積み → 技術修得 → 独り立ち

15

① 仕事と夢、あこがれ

子どもの頃の夢、あこがれは？

　あなたの子どもの頃の夢は何だったでしょう？

　「看護師さんになりたい」「学校の先生か保母さんがいいな」「歌手かタレントでしょ」「いっぱい勉強して宇宙飛行士になりたい」など、子どもの頃に描く夢はどこまでも広がります。

　あなたの夢は実現しましたか？

　小学生や中学生の頃に描く自分の将来像は往々にして漠然としたあいまいなもので、また、自分の資質や生活環境とはかけ離れていることも多いものです。子どもの頃の夢やあこがれを大人になるまでずっと持ち続けて、それを実現してしまう人は少ないのではないかと思います。

　高校生、大学生と成長するにしたがって、描く将来像はだんだん自分の能力や資質、置かれた環境などに制限されて現実的なもの、ある意味では「つまらない」ものになっていきます。しかしこれは、多くの人が大人になるにつれて現実をクールに見つめる状況判断力や思考力を身につけるからで、子どもの頃の夢を実現していないからといって、今の自分を悲観することはまったくありません。

自分を見つめなおすということ

　それでは、子どもの頃抱いた夢は100％現実離れした空想的なものでしかなかったかというと、そんなこともありません。

　夢やあこがれを抱くにも、両親や地域社会といった生活環境や自分の性格・資質などの影響を何かしら受けるものです。言い換えれば子どもの頃の夢は「見るべくして見た夢」だともいえるのです。

　ですから、高校生や大学生になって現実の就職を考えるとき、社会人になったものの仕事に疑問を感じ転職を考えるとき、自分の子

どもの頃の夢を今一度思い起こしてみることは無駄ではないように思います。

「あの頃なぜ私は看護師になりたいと思ったのだろう？」「女優に憧れたのはその場の思いつきだったのかな」と、子どものときの夢を自己分析してみると、過去の自分がそう思った理由がきっといくつか思い当たるはずです。そして、その後中学、高校と進むにつれてその思いはどう変わってきたかを思い出してみます。

たとえば、入院していたときにやさしくしてもらった看護師さんにあこがれたのだが、大人になるにしたがって現実はそんなに甘い仕事ではないと理解するようになって、考えが変わってきた。それなら自分は、看護師の仕事のどういう部分にとくに憧れていたのかということにも気づくことができます。病院で病気を治す医療職という面よりも、人にやさしく接してあげる仕事という面が強かったというようなことです。それが、今の自分を見つめなおす一つの材料になるのです。

「そういえば、自分も人のために考えてあげることが、今も嫌じゃない」という現在の自己分析につながってきます。

本当にやりたいことは何？

仕事にはやはり適性というものがありますから、自分の性格やものの考え方を知っておくことは大切です。仕事選びは、ある面では"本当の自分探し"だともいえるのです。

このように自分を見つめなおすことによって、子どもの頃の看護師への夢をもっと一般的にとらえることができます。つまり、看護師以外にも人にやさしく接することが大事な仕事はたくさんあるわけです。その結果、今の自分にはやはり看護師は無理だけども、福祉関係の仕事やサービス業などもいいかもしれないと、具体的に考えられるようになるのです。

② 仕事と資格・学歴

「やりたいこと」を「できること」にする！

　仕事に就くということは、夢・あこがれだけで実現できるものではありません。「やりたいこと」と「できること」は、諸々の事情で異なることが多いものです。

　たとえば、医師になるには大学の医学部で6年間勉強して、卒業時に国家試験を受験し合格しなければなりません。医学部は一般的に学費が高いですから経済的な負担が大きいですし、入学試験に合格するにはかなりの学力も必要です。普通に考えると誰でもがなれる職業とは言いがたいのです。

　ですから、自分の夢を現実のものとするためには、普通はある程度の時間と相応の努力が要求されるということを、よく知っておかなければなりません。そして、実際に仕事に就く上で有効だとよくいわれるのが「資格」です。

資格は何のためにあるの？

　取得するのがむずかしいものからやさしいものまで、資格にはさまざまなものがあります。なぜ、これほどたくさんの資格が作られたのでしょうか？

　先の医師の例で考えてみましょう。医師のおもな仕事は診察と治療であり、患者の生命を預かる責任の重い職業です。人の生死にかかわる重大な職務だから、誰がなってもいいというわけにはいきません。だからこそ、医師になるには、専門的な勉強をすることと、専門知識・技術を確実に身につけているかどうかを試験で審査することの二つが法律で義務づけられているわけです。

　ただし、すべての職業にこのような厳密な資格制度があるわけではありません。仕事の種類によって、ゆるやかな資格が設けられて

いるものやまったく資格のないものもあります。

　たとえば、「旅行業務取扱管理者」資格の場合には、これがなくても旅行会社で働くことはできます。ただ、営業所に最低一人は有資格者を置くことが法律で義務づけられているため、持っていると就職・転職に有利で、営業所の責任者になるには必須資格ともいえます。また、通訳や翻訳の仕事をするのにも必須資格はありませんが、たとえば英検や TOEIC などの何らかの語学資格を取得しておかないと職を得ることが現実にはむずかしいようです。この場合は、資格を持っていることによって、自分の語学能力を他人（雇用主やお客さん）から評価してもらえるということになります。

　ごく大まかにいうと、①その職業に必須の資格、②責任ある職務に昇任するのに有利・必要な資格、③信用を得るのに有効な資格、と分類できるのです。自分が就きたい仕事ではどのタイプの資格が必要なのかは、就職する前に知っておかなければなりません。

学歴って役に立つの？

　資格と似たもので「学歴」があります。大学卒業、短大卒業、高校卒業などを指し、普通は大卒が高学歴と思われがちです。けれども純粋に「仕事に就く」という観点からみると、大卒ばかりが有利というわけではありません。

　先の例でいえば、医師の場合は制度上大卒の学歴が必要です。看護師はどうでしょうか。看護学校には、３年制専門学校、３年制短大、４年制大学の３種類があります。そして、どの学校を出ても資格の種類に違いはなく、仕事内容もまったく同じです。

　また、むずかしい資格として有名な司法試験（弁護士や裁判官になるための試験）は受験資格に学歴制限はありません。試験にさえ通れば誰でも弁護士になれるわけです。

　資格のない仕事では学歴で判断される傾向もこれまではありましたが、新しい職種が次々に生まれる昨今は、学歴よりも実力という傾向が見られるようになっています。

③ 就職・転職のノウハウ

自分をうまくアピールするには

　どんな仕事に就くにしても、ほとんどの場合一度はくぐらなければならない関門が「就職」です。その就職（または転職）を達成するのにいちばん大切なのが「適切な自己アピール」。多くの応募者の中から採用担当者にあなたを選んでもらうには、他の人にない、または他の人より優れたあなた自身をプレゼンテーションしなければなりません。黙っていては、あなたの良さを相手は理解してくれないからです。

　ここではとくに「応募書類の書き方」と「面接」についてのポイントをお教えしましょう。

履歴書の書き方

　履歴書は「一生懸命、ていねいに書く」。コツは、それにつきます。ただし、これには二つの意味があります。

　一つは、文字をていねいに書くこと。たかが文字と馬鹿にしてはいけません。鉛筆は不可。万年筆や水性ボールペンなど筆跡のきれいな筆記具を使います。字は下手より上手いに越したことはありませんが、それよりも時間をかけてていねいに書くことの方が大切です。下手な字でも一生懸命書いている、達筆だけど適当に書きなぐってある、というようなことは履歴書を見慣れている採用担当者はすぐにわかります。字を適当に書いていると、入社したい熱意もたいしたことがないと判断されてしまいます。もう一つは、空白をできるだけ作らないこと。資格や趣味の欄を空白にする人が多いようですが、自動車やバイクの免許は当然書くべきですし、英検3級でも秘書検定3級でも恥ずかしがらず書くべきなのです。その仕事にふさわしい資格が有効なのはもちろんですが、そのような資格がな

い場合でも、珍しい資格・趣味などは面接での話題作りなど、採用試験で効果を現すことがあります。

　また、応募書類が履歴書のみの場合でも、応募動機などを書いた簡単な手紙をつけておくと、確実に良い印象を持たれます。

　最近は、エントリーシート（ES）を提出させる企業が増えてきました。学歴や職歴など通常の履歴事項とともに、企業が独自に設けた質問（自己PR、職業・企業観、学生生活など）に対して記入します。書式や質問を統一することで選考にあたり比較しやすく、また質問したい内容を先に応募者へ尋ねておけるメリットが企業側にあります。

　エントリーシートの提出はインターネットからも多く、手書きの履歴書のように文字で人物を見られることは少ないですが、文章で人物を見られることになります。応募数が多い求人の場合、採用者が一人あたりのエントリーシートに目を通す時間は多くありません。短い文章の中で印象を残すには「読みやすさ」「簡潔さ」が必須になります。結論を先に持ってくる文章テクニックなども覚えておくとよいでしょう。

面接は自分の言葉でやる気と熱意を伝える

　面接については、等身大の自分を相手に理解させることができれば成功です。つまり、必要以上に自分をよく見せることはありませんし、あまり謙遜しすぎるのもよくありません。

　ですから、面接本に載っている受け答えの事例集などは、あまり参考にしない方がよいかと思います。ユニークな経験やサークル活動でのリーダーシップなどが評価されることもありますが、多くの場合、話す内容よりも、自分の経験をきちんとした言葉遣いで適切に表現できる能力と、相手の言葉を正確に理解できる能力、いってみればコミュニケーション能力があるかどうかを面接官は評価します。大切なのは、いかに自分のやる気と熱意を伝えられるかということ、それにつきると思います。

④ 正社員と人材派遣、どっちがいい？

多様な働き方の中から自分に合ったものを！

　日本の企業は「終身雇用制」と「年功序列」が以前は二大看板で、学校を卒業してある程度大手の企業に就職すれば定年までは安心というのが常識でした。これが、最近の自由化・国際化の流れの中で変化をとげました。年俸制や契約制、実力主義・成果主義を取り入れる大手企業も出てきており、一生一つの会社に所属するという働き方は、珍しいことになりつつあります。

　終身雇用がくずれるのと軌を一にして、人材派遣業が盛んになってきました。企業に社員として就職するのではなく、人材派遣会社に登録して、3ヵ月、1年などの一定期間派遣先の企業に勤めるという形態です。これは、企業側からみれば、社員教育が省ける、ボーナスや社会保険料が節約できる、リストラがしやすいなどの利点があります。働くわたしたちの側からみれば、一つの会社にしばられなくて済む、スキルアップに励みやすいなどの利点があります。社員の場合だと、一つの技術をもっと高めたいと思っていながらも、会社の方針により希望とは違う部署へ配属されたりということもあり、将来を自分で決めることができない面があります。その点人材派遣の場合には、自分のやりたい仕事をある程度計画的に選んでいくことも可能です。もちろん、経済的な不安定さなどのリスク・欠点もあります。

　正社員と派遣会社登録のどちらがいいとも一概には言えません。安定を求める人は正社員の方が向いてますし、自分の将来をはっきりと描ける人は人材派遣の方が効率的かもしれません。

　ともあれ社会が大きく変わりつつあることは確かです。

　これからは男性・女性の格差を云々する時代ではなく、一人ひとりがどう生きるかを試される時代になるのではないでしょうか。

第2章

ジャンル別
職業ガイド

◎本書の見方◎

個人の資産管理の手助けをするコンサルタント

ファイナンシャル・プランナー

 **就職までの
ルートマップ**

仕事に就くまでの、代表的なルートを紹介。

資格の取り方

資格の有無、取り方、科目、結果、関連資格などを紹介。また、就職試験や就職後の状況も掲載。

 仕事の内容

具体的な仕事の内容や職場の状況、仕事に就くときのアドバイスなどを紹介。

 収入

働き始めてからの、給与体系やギャラを紹介。

 問い合わせ先

試験を行う団体、専門学校など、おもな問い合わせ先を掲載。

ファッション

Fashion

ファッションモデル●メークアップアーチスト●ヘアデザイナー●スタイリスト●
ファッションデザイナー●テキスタイルデザイナー●帽子デザイナー●シューズデザイナー●
パタンナー●和裁士●ネイルアーチスト●プレス●マーチャンダイザー

ファッションモデル

就職までのルートマップ

> モデル事務所のオーディションを受ける。または、紹介・スカウトなど。

↓

> モデル事務所に登録して、基礎訓練を受ける。

↓

> 仕事の依頼先のオーディションを受け合格すれば仕事ができる。

 ## 仕事の内容

　ファッションショーやファッション雑誌、展示会、テレビ、カタログなどで、新しい流行を紹介するためのなかだちの役目がおもな仕事です。

　ファッションモデルは容姿や体型の良さはもちろんのこと、歩き方や着こなし、内面からの美の意識が求められます。

 ## 資格の取り方

　ファッションモデルは、モデル事務所に所属をして仕事をするのが一般的で
す。事務所に所属するルートとして、自薦の他にスカウトなどがあります。また最近では、雑誌の読者モデルからプロのモデルになる人も増えています。

　ファッション系の専門学校では、モデルとしての身のこなしや体型づくりが学べるコースを設置する学校もあります。

収入

　収入は、ほとんどの場合歩合制です。仕事内容やモデルのランクによってもかなり収入の幅があり、時給数千円の仕事から1日数十万円の仕事などさまざまです。超一流のスーパーモデルともなれば、ワンステージで数百万円以上の収入があるとも言われます。

　しかし、高収入を得られる一流のモデルはほんのひと握りです。駆け出しの頃の収入は、不安定と考えた方がよいでしょう。

問い合わせ先

□ 文化服装学院
　東京都渋谷区代々木3-22-1
　Tel.03-3299-2211

□ 青山ファッションカレッジ
　東京都港区北青山3-5-17
　Tel.03-3401-0111

メーク、ヘア、ネイル等トータル知識が重宝

メークアップアーチスト

就職までのルートマップ

メークアップ学校を卒業。
(その前に美容学校で美容師免許を取っておくと有利)

↓

メークアッププロダクションやブライダルサロン等に就職。

仕事の内容

映画やテレビの出演者、雑誌などのモデルやブライダルサロンで新郎新婦のメークを担当するのが、メークアップアーチストの仕事です。

ひとり一人の顔の個性を的確に把握し、服装やヘア、また役柄や雑誌など媒体が求めるイメージを、メークによって作りださなければなりません。メーク技術や知識はもちろんのこと、色彩感覚、流行に敏感な感性なども必要です。

資格の取り方

特に資格制度はありませんが、メークアップの養成校で勉強することが一般的

です。メークだけでなく、ヘアや着付などトータル知識を持っていると活躍の場が広がります。

収入

実力により異なりますが、アシスタントですと14万円前後、新人ですと17万円程度です。

映画やテレビ、雑誌、ファッションショーなどの仕事をするメークアップアーチストは、普通メークアッププロダクションと呼ばれる専門会社に所属しています。クライアントから依頼を受けたら、スタジオや楽屋、ロケ現場などに足を運びます。経験を積んだ後、フリーで活躍する人も少なくありません。

また、結婚式場やホテル、ブライダルサロンなどに所属して、新郎新婦のメークを専門に行うメークアップアーチストもいます。

問い合わせ先

□ 東京モード学園
　東京都新宿区西新宿1-7-3
　Tel.03-3344-6000

□ 日本メークアップアーチスト学院
　大阪府大阪市北区小松原町3-3　OSビル15F
　Tel.0120-040-577

ヘアデザイナー

就職までのルートマップ

美容・理容学校を卒業して、免許を取得する。

↓

美容室・理容室に勤務して腕を磨く。

↓

ヘアスタイルを提案するスタッフに。フリーで活躍するひとも。

仕事の内容

　美容師・理容師をヘアデザイナーと呼ぶことがあります。ヘアスタイルはファッションの一部となり、単に「髪を切る」ということから、デザイン性や創造性、新しい髪型が求められるようになり、美容師・理容師が「髪のデザイナー」として活躍する場面が増えたからといえます。

　ヘアデザイナーは美容室に勤務する美容師、理容室に勤務する理容師、ひとりで仕事をするフリーランスと、大きく3つに分類することができます。フリーランスの場合、モデルやタレントの専属に

なり、ヘアの他にメークアップまでを担当する人もいます。

　働き始めは、お客さんの要望に応えながらヘアスタイルを整えますが、お店の経営者やベテランスタッフ、フリーランスともなれば、ヘアスタイルを提案する機会も増えていきます。

資格の取り方

　特にデザイナーの資格制度はありませんが、美容師には美容師免許、理容師には理容師免許が必要になります（理容師免許の取得方法は102ページ、美容師は103ページを参照）。

　免許取得後は、美容室・理容室に勤めるのが一般的。フリーランスとして働くには、技術と経験、それに人脈も必要になりますので、免許取得後すぐに活躍することはむずかしく、実力をつけた後独立する人がほとんどです。

収入

　勤務する美容室・理容室の給与によってさまざまですが、見習い期間で15〜16万円といったところです。

問い合わせ先

美容・理容の専門学校など。

経験と実績、人脈が大切な職種

スタイリスト

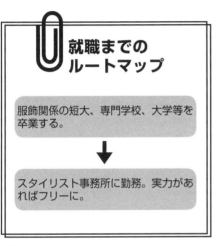

就職までのルートマップ

服飾関係の短大、専門学校、大学等を卒業する。

↓

スタイリスト事務所に勤務。実力があればフリーに。

仕事の内容

芸能人のファッションコーディネート、ショーやイベントの出演者の衣装などをコーディネートするのが、スタイリストの仕事です。

まず、製作する媒体のイメージを固める打ち合わせに参加。次に、必要な洋服や小物類等をメーカーなどに借りに行きます。撮影の立ち会いや、終了後借りた商品の返却などの雑務も行います。

また、撮影現場の雰囲気作りもスタイリストの大切な仕事。進行をスムーズにさせるため、周囲への気配りや状況判断、テキパキと行動できる俊敏さが必要です。モデル選びや、モデルに合わせて洋服の手直しをしたり、撮影に際してちょっとしたアドバイスをしたりと、トータル的な資質が求められます。

ファッション業界のトレンドは目まぐるしく変化をするため、スタイリストはセンスを磨き続ける向上心が必要です。

資格の取り方

特別な資格制度はありません。服飾系の専門学校や大学などでファッション全般の知識を学んだ後、スタイリスト事務所に勤めたり、フリーで活躍するスタイリストのアシスタントとして働いたりしながら実力と経験を積んでいきます。

また、アパレルメーカーの販売員や社員などから転職をしてスタイリストになる人もいます。

収入

アシスタントから実力のあるフリーの人まで収入の差はかなりありますが、アシスタントで13万円くらい、企業の場合ですと初任給16万円くらいです。

問い合わせ先

□ 青山ファッションカレッジ
　東京都港区北青山3-5-17
　Tel.03-3401-0111
その他、各服飾系専門学校へ。

技術、センスすべてが必要

ファッションデザイナー

就職までのルートマップ

服飾系の短大や専門学校、大学等を卒業する。

↓

アパレルメーカーやデザイナーズブランドの会社へ就職する。

↓

才能と実力があれば独立も。

仕事の内容

ひと口にファッションデザイナーといっても、活動範囲は広く多岐にわたります。基本的には被服のデザインということになりますが、素材の選択、デザイン画の製作、パターンメーキングから付属品のデザイン、見本製作、縫製工場との交渉と一貫して作業を行う場合や、デザイン・パターンメーキングまで行う場合、オーダーの場合は接客、デザイン、ピン打ちまで行うことがあります。

デザイナーといえば、マスコミに登場する有名デザイナーをイメージしがちで

すが、数の上からいえばアパレルメーカーに所属して既製服のデザインを行う企業デザイナーが圧倒的多数を占めます。独立デザイナーを目指す場合には、デザイナーズブランド事務所への就職を図るほうがよいでしょう。

資格の取り方

特に資格制度はありませんが、服飾専門学校で勉強して職に就くのが一般的です。修学年限は1～2年ですが、専攻科に進む場合を含めて、3年間は修学年数として考えておいたほうがよいでしょう。また働きながら学べる夜間部を開設している学校もあります。

現在、多くの独立デザイナーは被服だけではなく、帽子、アクセサリー、シューズ、テキスタイルなど、トータルなかたちでファッションの提案を行っています。

収入

初任給は18万円前後です。

問い合わせ先

□ 文化服装学院
東京都渋谷区代々木3-22-1
Tel.03-3299-2211

色に対するイマジネーションで勝負

テキスタイルデザイナー

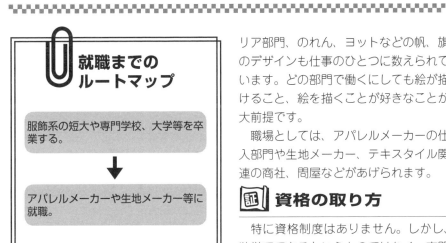

就職までのルートマップ

服飾系の短大や専門学校、大学等を卒業する。

↓

アパレルメーカーや生地メーカー等に就職。

仕事の内容

「テキスタイル」とは素材としての布つまり「生地」を指す言葉です。生地を縫製して服を作るアパレル業界に対して、生地そのものを作るテキスタイル業界も、ひとつの業種として成り立っています。テキスタイルデザイナーの仕事は、大きくいえば「生地を作ること」になります。

生地に色や柄をつけるためには、糸の段階で染めて織り方を考えたり、また布地自体を染めて色、柄のデザインを施したりします。

洋服地や着物地のデザインはテキスタイルデザイナーの仕事になりますが、その他じゅうたん、カーテンなどのインテリア部門、のれん、ヨットなどの帆、旗のデザインも仕事のひとつに数えられています。どの部門で働くにしても絵が描けること、絵を描くことが好きなことが大前提です。

職場としては、アパレルメーカーの仕入部門や生地メーカー、テキスタイル関連の商社、問屋などがあげられます。

資格の取り方

特に資格制度はありません。しかし、独学でできるというものではなく、専門科が設置される大学や専門学校で、基礎知識、技術を学ばなくてはなりません。

学校によっては染、織が分かれているところがありますので、入学前によく調べることが大切です。

収入

会社に所属した場合は、初任給は18万円前後です。

問い合わせ先

□ 文化服装学院
東京都渋谷区代々木3-22-1
Tel.03-3299-2211

調和美を奏でるファッションデザイン分野

帽子デザイナー

就職までのルートマップ

服飾専門学校、帽子専門学校等で勉強する。

↓

アパレルメーカー、帽子メーカー等へ就職。

仕事の内容

帽子は、真に洗練された服飾センスを満たすためには、欠かすことのできない要素であるといわれ、服飾デザインの範囲として考えられています。

顧客のオーダーに応じて高級オリジナル帽子を製作したり、帽子メーカーでのデザイン、企画などを行うのが、帽子デザイナーのおもな仕事です。フリーでメーカーと専属契約を結び商品を開発したり、また専門学校の教師などをしながら作品を作ることも可能です。

メーカーで量産品を作る場合には、デザインだけを手掛けることもありますが、小さい規模のメーカーや独立開業する場合にはデザインしたものを実際に製作し、さらには販売まで携わることもあります。

資格の取り方

特に資格制度はありませんが、帽子専門学校か服飾専門学校で勉強する必要があります。

帽子の構造、各種形態と素材に応じた製帽基礎技術を学び、造形感覚の発想と表現能力を育成するために、ファッションデザイン画、服装史、ニッティングなどを学びます。

収入

企業に勤めた場合は一般社員と同程度で、初任給17万円ぐらいです。フリーになったり、アトリエやショップを経営するようになり人気店ともなれば、高収入も期待できるでしょう。

問い合わせ先

□ 文化服装学院
東京都渋谷区代々木3-22-1
Tel.03-3299-2211

□ サロン・ド・シャポー学院
東京都渋谷区千駄ヶ谷4-3-1
Tel.03-3403-1751

ファッション性からはきやすさまでを追求

シューズデザイナー

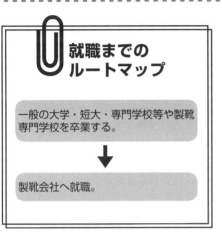

就職までの
ルートマップ

一般の大学・短大・専門学校等や製靴
専門学校を卒業する。

↓

製靴会社へ就職。

仕事の内容

　靴メーカーにおいて、製造工程の前段
階で、新製品の企画、形態デザイン、素
材の選択などを行うのがデザイナーの仕
事です。

　流行に合わせたデザイン、素材選びや
色の指定などのファッションセンス、足
の構造についての解剖学的知識などが、
シューズデザイナーに求められる素養。
機能性、ファッション性の両者を兼ね備
えた靴を提案するのが、シューズデザイ
ナーには必要です。

　女性は特に、ファッション性重視の傾
向にあるため、足に負担をかける靴選び
をしてしまうことがあります。ファッシ
ョン性、機能性を同じ視点で提案できる
女性デザイナーの需要は、年々増えてき

ています。

　年何回か開かれる展示会への出品のた
め、そのつど新しいデザインを考案。サ
ンプルの作成と修正をくり返すので、か
なりのハードワークです。

資格の取り方

　特に資格制度は設けられていません。
靴の学校はあまり多くありませんが、服
飾系の専門学校の中にはシューズデザイ
ンを学べるところもあります。それらの
学校で知識を身につける、またメーカー
に就職して技術を身につけるルートが一
般的です。

収入

　メーカーの第一線シューズデザイナー
として働く場合ですと、月収20万円以
上です。

　学校卒業後、靴メーカーに就職して、
デザイン部門でデザイナーとして勤務。
靴の問屋、小売店の企画室などの就職先
もあります。

問い合わせ先

□ エスペランサ靴学院
　大阪府大阪市浪速区木津川2-3-8
　A'ワーク創造館
　Tel.06-6562-0410

デザイナーのイメージを具現化させる

パタンナー

就職までのルートマップ

服飾系の専門学校、短大、大学等を卒業する。

↓

アパレルメーカー等へ就職。

仕事の内容

パタンナー（パターンメーカー）の仕事内容をひとことでいえば、デザイナーの描くデザイン画をもとに服の製作基盤となる「型紙（パターン）」を作ることです。

デザイン画が同じでもパタンナーが違えば、まったく違った服が出来上がります。製品の仕上りを左右するパタンナーは、アパレルメーカーの中でとても重要な役割を果たしています。

デザイナーのイメージを実際の服として作り上げるために不可欠な工程ですから、デザインのセンス、生地、縫製技術など、服飾全般に関する知識が求められます。

通常は、大量生産ができる商品のパターン製作が多いため、商品として採算がとれるかどうか、工場の生産ラインに乗せられるかなども考慮しなければなりません。また、型紙製作をパソコンで行うことも多くなり、パソコンの知識も必要です。

資格の取り方

特別な資格はありません。働きながら覚えられる仕事ではなく、服飾系学校で専門知識・技術を身につけておく必要があります。

服飾系学校では、服飾全般を総合的に教えてくれる学科やデザイナー養成の学科、パタンナー養成の学科など、いくつもの学科が設置されています。

収入

メーカー勤務の場合、給与は経験年数の少ないうちは一般事務職より若干少なめですが、経験を積むにしたがって確実に昇給していきます。ベテランになれば、通常の一般事務職より高い給与が得られます。

問い合わせ先

服飾系の専門学校など。

伝統技術を引き継ぐ

和裁士

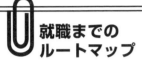

就職までのルートマップ

①大学・専門学校等で技術を学ぶ。
②和裁所に入所。見習い期間に技術を習得。

↓

和裁所等で和裁士として就業。経験と人脈を作って独立開業も。

仕事の内容

和裁とは和服裁縫の略語で、この技術を持った職業人を和裁士と呼びます。

振袖や留袖、浴衣など一枚の反物からの和服の仕立て、古くなった和服の修理や人から人へと渡った和服の寸法調整などの直しが和裁士の仕事です。

職場は和裁所（和服を仕立てる会社）になりますが、和裁所等と契約をして在宅で仕事を請け負うことも可能です。

資格の取り方

和裁士になるルートとして、次の2つがあげられます。①大学・専門学校等で技術を学び、和裁所へ就職。②和裁所に入所して見習い期間に技術を習得。

働く上で資格は必要ありませんが、持っていると技術習得のアピールになり、就職の際に有利になる場合があります。

代表的な資格として、国家検定でもある技能検定の和裁（1〜3級）、一般社団法人全国和装着装団体連合会と東京商工会議所共催の和裁検定（1〜4級）があります。

収入

和裁所に社員として入所した場合は給与規定によります。入所当初は見習い期間として働くため、あまり高い賃金は望めません。

個人で和裁士として働く場合は、仕立てた和服の枚数や直した枚数によって収入が変わります。

問い合わせ先

技能検定については
□ 中央職業能力開発協会
　東京都新宿区西新宿7-5-25
　西新宿プライムスクエア11F
　Tel.03-6758-2861

和裁検定については
□（一社）全国和装着装団体連合会
　東京都文京区本郷1-5-17　三洋ビル41号
　Tel.03-3816-1858

ネイルアーチスト

就職までの ルートマップ

専門のスクールで勉強。

↓

ネイルサロン、エステティックサロン、結婚式場等に就職。

仕事の内容

ファッションのひとつとしてかかせない、爪へのおしゃれ。爪にデザインや絵を描くネイルアートは、特に人気があります。こうした中、注目を集めている職業がネイルアーチストです。

仕事の内容は、爪のケアはもちろんのこと、カラーリング、つけ爪、さらには、手のケアのアドバイスなどもします。

細かい作業を長時間にわたって行うため、集中力が必要です。また作業の間、お客さんとのコミュニケーションをはかりながら進めるため、社交性も重要。技術の他に、アートを施すための色彩感覚、爪の構造や衛生についての基礎知識なども必要になります。

活躍の場は、ネイルサロン、エステティックサロン、美容室など。また、ブライダル業界でも注目されています。

資格の取り方

特定の資格はありません。仕事に就くための近道は、スクールに通い技術を身につけること。ネイルサロンなどが開講しているスクールならば、系列サロンへの就職に有利です。

経験を積み、固定のお客さんをつかんで、独立開業する人もいます。

収入

勤務先や雇用形態によって異なります。働き始めてすぐに高収入を得るのはむずかしいですが、注目度の高い職業で利用客も多いことから、将来性のある仕事とといえます。

問い合わせ先

□ 東京ネイル学院
　東京都中央区銀座1-15-13　VORT1102号
　Tel.03-3562-3778

□ 大阪ビューティーアート専門学校
　大阪府大阪市淀川区西中島3-8-29
　Tel.0120-79-5514

他、各スクールへ。

自社製品のPRを担当

プレス

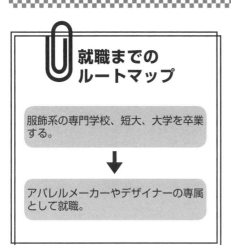

就職までのルートマップ

服飾系の専門学校、短大、大学を卒業する。

↓

アパレルメーカーやデザイナーの専属として就職。

💼 仕事の内容

アパレルメーカーに所属して、テレビ、雑誌などのマスコミに対して、自社製品を紹介するのがプレスの仕事です。一般企業でいう、広報の役割を果たします。

マスコミの窓口というと華やかに思えますが、実際の仕事内容は裏方的役割が多く、地道な仕事といえます。

大手アパレルメーカーはファッション雑誌と提携していることが多く、定期的に特集記事などに使う服や小物などの貸し出しを行っています。また、テレビドラマや映画で出演者の衣裳を貸し出すこともあります。

製作現場から商品貸し出しの依頼が入ると、自社製品がテーマに合うかを検討し、イメージに近い商品を探します。その貸出業務から返却業務までを担当。また商品がどのように取り上げられるのかを確認し、掲載された後の記事の保管、問い合わせなどの対応もします。

自社製品の知識はもちろんのこと、商品コンセプトやPRのタイミングなど、さまざまなことに注意を払わなければなりません。

📖 資格の取り方

プレスになるための資格は、特にありません。服飾系の学校で、知識を身につけるのが就職への近道。仕事柄、多くの人と接する機会があるため、社交的な性格が求められます。

🐷 収入

雇用形態によっても違いますが、大手メーカーで大卒が20万円くらい。短大、専門学校卒だと、18万円くらいです。

大手メーカーへの就職の他、フリーランスやデザイナーの専属として働くことも可能です。

📍 問い合わせ先

服飾系専門学校、短大、大学など。

マーチャンダイザー

就職までのルートマップ

服飾系学校で、ファッションビジネスやマーケティングについて学ぶ。

↓

アパレルメーカーや素材メーカー、ショップ、デパート等に就職。販売などで経験を積み、マーチャンダイザーに抜擢。

仕事の内容

　マーチャンダイジングとは「商品化計画」を意味するマーケティング用語です。ファッションビジネス界でも「製品計画」や「商品企画」を指し、予算を立て店に並べる商品を計画、製品のデザインから生産、または仕入れ・販売までの一連の作業を計画・管理することを意味します。この役割を担うのが、マーチャンダイザーです。

　企画、営業、販売と一連の作業を担う立場ですから、ファッションビジネスに関する幅広い知識はもちろんのこと、消費者ニーズをとらえる感性や、マーケティング能力なども必要です。

資格の取り方

　マーチャンダイザーになるための特別な資格はありませんが、一般財団法人日本ファッション教育振興協会では、ファッションビジネス能力検定を行っており、1～3級まであります。

　2・3級の試験科目は、ファッションビジネス知識とファッション造形知識。1級は、マーケティング戦略、マーチャンダイジング戦略、流通戦略、マネジメント知識・ファッションビジネス知識の5科目です。

収入

　メーカー、デパート、ショップなどの規定によって異なります。

　会社に就職後、販売や営業部門などで経験を積み、流通システムや市場動向のとらえ方などを覚えてから、マーチャンダイザーになるのが一般的です。

問い合わせ先

□ （一財）日本ファッション教育振興協会
東京都渋谷区代々木3-14-3
紫苑学生会館内
Tel.03-6300-0263

マスコミ

Mass Communication

アナウンサー●放送番組制作員●編集者●フリーライター●新聞記者●コピーライター●
校正者●放送記者●ルポライター●翻訳家●TVディレクター●リポーター●気象予報士●
テープリライター●大道具制作者●タイムキーパー●CM制作者

アナウンサー

就職までのルートマップ

大学・短大に入学。（4年制大学卒のみ採用の放送局もある）

↓

アナウンススクール等で基本的な知識と技術を身につける。

↓

テレビ局、ラジオ局などの採用試験を受ける。

 ## 仕事の内容

テレビ、ラジオを通じて、ニュース・天気予報などの情報を正確に伝えたり、番組の進行を務めるのが仕事です。

女性に人気の職業で見かけはとても華やかですが、番組の取材や打ち合わせなど、勤務時間は不規則になりがちです。ですから、体力的にも精神的にも自信のある、ハードワークに耐えられる人でないと勤まりません。

また、取材やインタビューなどでさまざまな人に会うため、一般的な常識はもちろんのこと、話題に対応できる幅広い知識を身につける必要があります。

 ## 資格の取り方

各放送局の採用試験を受けて合格後、アナウンサーになるルートが一般的です。

テレビ局、ラジオ放送局の入社試験応募には、短大卒以上の資格が必要です。放送局によっては、大学卒業以上のみの採用というところもあります。

入社試験は一般的に、筆記、音声テスト、カメラテスト（テレビ局）、フリートーキング、面接などです。

採用にあたっては、仕事に対する熱意や幅広い知識、語学力、コミュニケーション能力、人柄、容姿などを総合的に判断されます。

収入

初任給は大卒20万〜25万円、短大卒で20万円程度です。その他、残業手当、アナウンス手当、衣装代などが支給される局もあります。

問い合わせ先

各アナウンススクールへ。採用試験については各放送局の人事部等へ。

華やかな世界を裏で支える

放送番組制作員

就職までのルートマップ

大学・短大・専門学校等を卒業する。
(学部は問われない)

↓

テレビ局・ラジオ局等の放送局、または制作プロダクションの採用試験を受けて就職する。

 ## 仕事の内容

テレビ・ラジオの番組を企画・制作するのが仕事です。特に「放送番組制作員」という呼称が確立しているわけではありませんが、プロデューサーを含め、その下で番組制作の実務にあたる人々と考えてよいでしょう。

縁の下の力持ち的な仕事で、映像編集などの内勤はもちろんのこと、出演者への交渉、スケジュール調整、スタジオ撮影での雑用、ロケでの取材や撮影交渉など、すべての仕事に携わるのでかなりの激務になります。

現在、テレビ局から放送されている番組制作の多くが、外部の制作プロダクションに委託されており、制作プロダクションの数も大小含め1000社以上にのぼります。

資格の取り方

各放送局とも新規採用は大卒者に限られますが、学部は問われません。適性としては機敏な行動力と体力、それに創造力の豊かさが求められます。

制作プロダクションの場合、特に学歴、資格は問われません。多くの場合、面接によって採用が決まるようですが、やる気と積極性が要求されます。

収入

各放送局、また各々の地方局などにより異なります。

制作プロダクションに就職した場合も、各会社の給与規定によります。

 ## 問い合わせ先

□ 東放学園専門学校
　東京都杉並区和泉2-4-1
　Tel.0120-343-261
その他、民間放送局については各局の人事部まで。

編集者

就職までのルートマップ

大学・専門学校等を卒業。(大手出版社以外学歴は関係ないが、幅広い知識が要求される)

↓

出版社やプロダクションへ就職。(大手出版社は大学新卒者の定期採用があるが、多くの中小出版社では経験者等の中途採用で募集することが多い)

仕事の内容

　書籍・雑誌またはWeb記事の企画を立て、筆者を決めて原稿執筆の依頼をし、さらに原稿を集め、整理、割付け、校正という流れの作業をするのが編集者の仕事です。会社によっては業務を分けているところもありますが、これらをすべてできることが必要です。

　著者との打ち合わせや、印刷所との交渉、出張校正などもあり、勤務時間はかならずしも規則的ではありません。ときには真夜中でも仕事をしなければならないこともあります。また、新しい企画を立てたりもしますから、絶えず時代の流れを鋭く把握する感性などが求められます。

　一見、華やかな職業と思われるかもしれませんが、地味な仕事の積み重ねによって本や記事は作られており、根気や努力が必要です。

資格の取り方

　特別な資格制度はありません。ただし学歴は最低高卒以上、大手出版社の中には大卒を条件としているところもあるので、できれば専門学校や短大、4年制大学を卒業していたほうが有利でしょう。

　文章力が必要なのはもちろんですが、

最近では語学力やパソコンの知識なども重要視されます。

編集技術については、ほとんどの場合各出版社や編集プロダクションで仕事をしながら身につけていきますが、編集実務に関する知識を教える学校として、日本エディタースクールなどがあります。

収入

各出版社、プロダクションによって異なりますが初任給16万くらいから24万円くらいまでです。なお、フリーの場合、実力や仕事の数により異なります。

問い合わせ先

□ 日本エディタースクール
東京都千代田区神田猿楽町2-1-14
A&Xビル1F
Tel.03-5577-3096

□ （株）宣伝会議
東京都港区南青山3-11-13
新青山東急ビル9F
Tel.03-3475-3010

！ フリーライター

雑誌や書籍、Webサイトなどに文章を書くのが仕事です。出版社や編集プロダクションなどに所属しない執筆者を指します。

クライアントから依頼された、企画やテーマに合わせて原稿を作りますが、企画や構成の段階から参加することもあります。

あらゆるテーマについて、原稿を依頼される可能性があるため、幅広い知識を身につけておくことが必要です。さらに、自分の得意分野を持つことも大切です。専門書などは、文章力プラス知識の裏づけが必要になるため、同じライターにリピートして仕事を依頼する傾向があります。

取材などで、人に接する機会が多いため、社交的な性格が求められます。取材相手からどれだけ興味深い話を聞き出せるかによって文章のおもしろさが左右されるため、話し上手聞き上手、この両者を兼ね備える必要があります。

フリーライターになる一般的なルートは、学校や養成機関卒業後、出版社や編集プロダクションに就職。仕事を覚えて、人脈や実績を作ってからフリーになる人がほとんどです。ライターの仕事は、業界の中の横のつながりで得ることが多く、いきなりフリーになって出版社などに売り込みをかけても、仕事に結びつくのはむずかしいのが現状です。

収入は、仕事の依頼先やキャリアによって違いますが、400字詰め原稿用紙1枚2500円～5000円といったところです。
問い合わせ先／各出版社や編集プロダクションへ。

広い視野と行動力が必須

新聞記者

就職までのルートマップ

大学・大学院等を卒業する。（学歴は必須資格ではないが、一般紙・全国紙の新聞社ではかなり高水準の知識が必要とされる）

↓

新聞社の採用試験に合格。

 仕事の内容

情報社会の現代、最新情報を世の中におくりだしているのがマスコミであり、新聞もそのひとつの媒体です。

新聞の記事は、政治、経済、国際、科学、社会、文化・芸術、生活など多岐にわたりますが、そのさまざまな分野に対して専門の記者が記事を書きます。

以前は仕事の激務さから、女性が働きづらい環境でした。

しかし、最近では女性の編集局長やデスクも登場し、特派員として活躍している人もいます。活動範囲は本人の実力次第となってきています。

新聞記者には、取材記者をはじめ、整理記者、校閲記者、写真記者などがあります。取材記者の書いた原稿は、編集責任者のデスクが確認。その後、整理記者が編集、見出しをつけ、校閲記者が誤字や内容を点検して新聞記事が出来上がります。

新聞社に入るのはかなりの難関ですので、常日頃から、広い視野、問題意識や好奇心を持って生活し、鋭い洞察力を養うことが必要です。

📖 資格の取り方

特に資格制度はありませんが、全国紙の採用試験を受験するには大学卒業以上の学歴が必要です。

採用試験は、一般常識と英語、作文が主になっており、文章表現能力は不可欠です。

 収入

各新聞社によって違いますが、新卒の初任給で22～25万円です。ベテラン記者になると、本給約50万円以上とかなりの収入になります。

🌐 問い合わせ先

各新聞社の人事担当課へ。

新鮮なアイデアと企画力が要求される

コピーライター

就職までのルートマップ

> 大学・高校等を卒業。(在校時または卒業後に養成校で勉強すると有利になる場合もある)

↓

> 広告代理店、広告制作会社等へ就職する。(採用資格は企業規模などによって大きく異なる)

仕事の内容

コピーライターとは、新鮮でアイデアに富んだ広告のための文章(コピー)を書く人、つまり広告文案家のことをいいます。ラジオ・テレビのCM、新聞・雑誌の広告、ポスター、チラシなどの各メディアが舞台になります。

購買意欲をそそるようなコピーを簡潔に創るわけですが、入念な準備が必要で、扱うものの背景、内容、性格をしっかりつかむため、市場調査・分析などを行うこともあります。

コピーライターには、ものごとをいろいろな角度から見たり、考えたりできる頭の柔らかさと幅広い知識が必要です。

また、広告主やデザイナー、イラストレーターなどに自分のコピーをわかりやすく説明できるプレゼンテーション能力も求められます。

資格の取り方

特に資格制度は設けられていません。未経験者を採用した場合、ほとんどの会社が自社で教育します。また、コピーライターとしての採用というより、編集者として採用というケースも多いようです。

就職にあたり即戦力となる経験者は重宝されるため、コピーライター養成スクールや大学、専門学校などでコピーの作り方を学んでおくと良いでしょう。

収入

所属の会社の給与体系によりますが、初任給は約16～19万円。本人のネームバリューやクライアントの規模に左右されるため、フリーになっても収入が上がるとは限りません。

問い合わせ先

□ ㈱宣伝会議
　東京都港区南青山3-11-13
　新青山東急ビル9F
　Tel.03-3475-3010

編集の分業化により仕事の依頼が多い

校正者

就職までのルートマップ

大学・短大・専門学校などを卒業。
（校正を学べる講座等を受講すると基本的な技術は覚えられる）

↓

出版社・編集プロダクション・新聞社等へ就職する。または、フリーの校正者として、仕事をすることも可能。

仕事の内容

本や雑誌、パンフレットなどの編集過程で、欠かすことのできない作業に校正があります。

校正は大きく分けて2種類。ひとつは、誤字、脱字、用字用語など、文字の訂正を主とした文字校正。もうひとつは、カラーの印刷物の色の出具合や刷りのズレなどを訂正する色校正。校正者は、おもに文字校正者を指します。

文字を正す仕事ですから、言葉や漢字の知識は必須。内容の正誤や矛盾を指摘する校閲の仕事を求められることもあるので、文章の理解力とともに細かい部分も見落とさない集中力が必要です。

資格の取り方

特別な資格制度は設けられていません。

校正者としての職能の確立をめざす人には、民間の校正者養成機関（たとえば、この世界では老舗的存在の日本エディタースクールや一般財団法人実務教育研究所等）が門を開いていますので、そうしたところで基礎的な技術の修得を行うとよいでしょう。

収入

新聞社、出版社に勤める場合は、各社のシステムや給与規定によります。

フリーで仕事をするには、かなりの経験が必要といえます。1文字0.5円からで、1時間4000文字程度を見るので、時給にすると約2000円となります。

問い合わせ先

□ 日本エディタースクール
　東京都千代田区神田猿楽町2-1-14
　A&Xビル1F
　Tel.03-5577-3096

□ （一財）実務教育研究所
　東京都新宿区四谷1-18-12 坂本屋ビル402
　Tel.03-3357-8153

現場からのリポートも定番化

放送記者

就職までのルートマップ

放送局の採用試験を受ける。
（一般的には大卒以上が条件）

↓

就職後、本人の希望や適性などを考慮
し報道局に配属。

↓

番組制作や、内勤・外勤記者などの経
験を積んで、取材記者として活躍。

仕事の内容

　国内外のニュースを取材し、映像を通
じて視聴者に届けるのが、放送記者の仕
事です。最近は、取材した記事を放送記
者自身が、現場からのリポートとして報
じる機会が増えています。

　カメラを通して伝えられる臨場感あふ
れるリポートは、マスコミ業界の第一線
で仕事をする華やかな印象を与えます。
しかし実際には、地道な取材活動の積み
重ねからなります。ひとつのテーマを長
期にわたって取材を続け、その準備のた
め大量の資料集めや映像収集に奔走しな
がら、何ヵ月以上も先の放送に向けて記
事を作成することもあります。

　取材対象あっての仕事なので、不規則
な生活が続きかなりハードです。

資格の取り方

　放送記者になるための、特別な資格は
ありません。立場は、放送局の一社員で
すから、まずはテレビ局などの就職試験
に合格する必要があります。

　例年、就職希望者は殺到し、非常に狭
き門。また、放送記者としての募集では
なく一般職での採用のため、入社後本人
の希望や適性などで配属されます。

　素早く動ける行動力、取材したことを
自分の言葉で伝えられる機転の早さは、
不可欠といえます。

収入

　一般にテレビ局の給与は、マスコミ業
界でも高給です。大卒初任給は、22万
円以上。

問い合わせ先

□ 日本放送協会（NHK）
　東京都渋谷区神南2-2-1
　Tel.03-3465-1111
他、各放送局など。

着眼点と人脈が大切なフリーランサー

ルポライター

就職までの ルートマップ

大学・短大・専門学校等を卒業。

↓

雑誌を制作している出版社や編集プロダクションに勤務して取材・執筆等の技術を身につける。

↓

フリーとして独立。

🧳 仕事の内容

ルポルタージュとは第一次大戦後に発生した文学様式で、報告者の作為を加えず社会の出来事をありのままに叙述。記録文学、報道文学、ノンフィクションなどとも呼ばれます。そして、この書き手がルポライターです。

新聞記事にみられる「いつ、どこで、だれが、どうした……」を踏まえつつ、ものの見方、考え方を明確に文章として表現できることが重要になります。

資格の取り方

ライセンスを取得しなければ取材・執筆ができないということはありません。仕事を得るためには、雑誌社、出版社とどれくらい太いパイプを持っているかが重要になります。人間関係、人脈の広さが物をいうのです。

ルポライターの多くは、新聞記者や編集者出身で、立場としてはフリーということになります。

週刊誌などは、フリーのルポライターをたくさん抱えることで取材網を広げています。

待遇面では個々に差があり、出版社によっても条件はさまざまです。

🐷 収入

フリーランスですから収入は一定しません。したがって、入ってくる仕事量で月々の収入が決まります。

取材費は別途で請求できるところもありますが、原稿料が取材費込みになることもあります。

問い合わせ先

□ ㈱宣伝会議
　東京都港区南青山3-11-13
　新青山東急ビル9F
　Tel.03-3475-3010

日本語を駆使できる力も必要

翻訳家

就職までのルートマップ

翻訳が学べる講座（通信・通学）を受講して、語学力や翻訳技術の基礎を身につける。

↓

翻訳事務所などに所属したり、フリー契約を結んだりして仕事をする。

仕事の内容

外国語で書かれた文章を正確に美しい日本語に翻訳するのが仕事です。

翻訳家になるには、まず取り扱う外国語の語学力はもちろん、その国の文化、自然、風俗、社会情勢などに精通していることが要求されます。一方日本語に関しても、その語いや表現力に熟達していることが望まれます。

翻訳には次のようなジャンルがあります。小説や絵本、学術書などの出版翻訳、企業の契約書類や工業製品のマニュアルなどの実務翻訳、映画・テレビ関連の映像翻訳などです。この中でも需要の多いのは実務翻訳の分野で、出版翻訳だけで収入を得られるようになるには相当の人脈が必要です。

資格の取り方

特別な資格は必要ありませんが、翻訳を行う外国語と日本語の語学力は必須です。

翻訳の技能向上の確立を目指して、一般社団法人日本翻訳協会と一般社団法人日本翻訳連盟の2つの団体で技能認定試験、検定試験を行っています。

収入

大学、短大、その他専門の養成機関で学んだ後、翻訳家として仕事をするには、関連会社に入ってまず助手から始めることになります。その場合の初任給は、約17〜18万円程度です。

問い合わせ先

□ （一社）日本翻訳協会
　東京都武蔵野市吉祥寺南町2-13-18-301
　Tel.0422-24-6825

□ （一社）日本翻訳連盟
　東京都中央区京橋3-9-2　宝国ビル7F
　Tel.03-6228-6607

TVディレクター

就職までのルートマップ

大学や放送芸術系の専門学校を卒業。

↓

テレビ局または番組制作会社に就職。ADとして働き、経験を積む。

↓

ディレクターとして番組を制作。

仕事の内容

テレビ番組の企画立案から、情報収集、ロケ、撮影した映像の編集までを行うのが仕事です。

いきなりディレクターとして働く人は少なく、はじめにディレクターの下で作業の補佐をするAD（アシスタントディレクター）と呼ばれる立場になります。

働き始めてから数年は、ADで経験を積むことになりますが、仕事内容は非常にハード。ディレクターの作業を円滑に進めるため、あらゆる雑用や手配などの段取りに奔走し、仕事によっては連日深夜までの作業が続くこともあります。

テレビ業界の仕事は、非常に不規則な生活になりがちなので、ADにしてもディレクターにしても、激務に耐えられる体力と気力が必要です。

資格の取り方

資格は特に必要ありません。

最近は、テレビ局の制作部門が縮小されて、番組制作をプロダクションなど外注に出す傾向があります。自分の作りたい番組を実現するチャンスは、プロダクションのほうが大きいといえます。

制作会社の中にも、ドキュメンタリーに実績があったり、バラエティでヒット作品を創るなど、得意なジャンルがあるので、就職する際には自分のやりたいことがどんなジャンルなのかを、明確にしておく必要があります。

収入

テレビ局と制作会社の給与を比較すると、かなりの差があります。制作会社のADの場合、20万円に満たないことも多いようです。

問い合わせ先

各テレビ局、テレビ番組制作会社など。

感性と話術さらには人間性も必要

リポーター

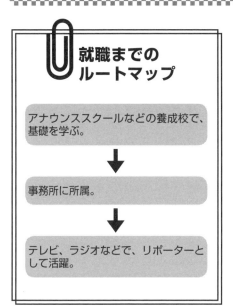

就職までのルートマップ

アナウンススクールなどの養成校で、基礎を学ぶ。

↓

事務所に所属。

↓

テレビ、ラジオなどで、リポーターとして活躍。

仕事の内容

身のまわりのできごとから、政治・経済、芸能、グルメなど、さまざまな情報を視聴者に届けるのがリポーターの仕事です。

きちんとした日本語が話せることはもちろんのこと、視聴者に何を伝えたいか、また自分が見て聞いた体験を、どんな言葉で伝えたいかを瞬時に考えられる、機転の早さが求められます。限られた時間の中でわかりやすく簡潔に、自分の言葉で情報を伝えられることも必要になります。

担当する番組によっては、一日中外でロケをしたり移動時間に追われることもあります。

資格の取り方

特に必要ありません。フリーランスで活躍するリポーターはたくさんいますが、人脈がものをいう業界なので、いきなりフリーになって仕事を得るのはむずかしいといえます。かけ出しの場合は、事務所に所属するのが一般的です。

アナウンススクールなどの養成校に通い、オーディションを受けて事務所に所属しますが、仕事を得るときもオーディションに合格しなければならないことがあります。

収入

番組内容、放送時間、知名度によってさまざまです。新人の最低ラインは、1本（番組）あたり5000円くらい。

ある程度名前と顔が知られるようになれば、仕事の依頼が続けてくるようになります。

問い合わせ先

各アナウンススクール、テレビ局、ラジオ局、芸能事務所など。

気象予報士

就職までのルートマップ

気象予報士試験を受験。
（年2回、全国6都市で実施。受験資格の制限は特になし）

↓

合格。

↓

民間の気象予報会社などに就職。

仕事の内容

地域に密着した細かい天気情報の提供や、さまざまなメディアでの活用を目的に、平成5年気象業務法が改正され、民間の企業でも天気予報が行えるようになりました。その予報業務を行うのが気象予報士です。

民間気象会社の気象予報士は、気象庁から提供される各種データをもとに天候を予測。テレビなどの天気番組の作成や解説、船舶の最適航路予測と提案、野外イベント開催可否の判断などの仕事を行っています。

資格の取り方

気象予報士の国家試験に合格する必要があります。試験科目は学科と実技。毎年1月と8月の年2回行われ、受験資格の制限は特にありません。

〈学科試験（多肢選択式）〉

予報業務に関する一般知識、予報業務に関する専門知識

〈実技試験（記述式）〉

気象概況及びその変動の把握、局地的な気象の予想、台風等緊急時のおける対応。

令和5年8月に行われた試験は、受験者4290人、合格者206人でした。ここ数年の合格率は、4〜6％台とかなりの難関です。

収入

就職先の規定によります。気象予報士の職場は、民間の気象予報会社の他、キャスターやCATV会社などがあります。

問い合わせ先

□ （一財）気象業務支援センター試験部
東京都千代田区神田錦町3-17
東ネンピル7F
Tel.03-5281-3664

在宅で仕事ができる

テープリライター

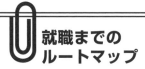

就職までのルートマップ

テープリライターのスクールや通信教育で学ぶ。

↓

講座修了後、人材派遣会社などにスタッフ登録をする。

↓

実績と人脈を作りフリーランスとして独立する人も。

💼 仕事の内容

講演会、座談会、インタビューなど録音された音声を、文字に書き起こして原稿に仕上げるのがテープリライターの仕事です。

仕事の依頼先は、出版社や新聞社など。フリーランスで働く人は、これらのクライアントと直接仕事をしますが、テープリライターのほとんどは、人材派遣会社に登録して仕事を行っています。

テープリライターはトランスクライバーと呼ばれることもあります。これはテープ起こしに使う機械から来た名称です。

資格の取り方

資格は特に必要ありません。テープライターのスクールや通信教育で学んでから、仕事をするのが一般的です。

仕事の内容は、テープから音声をひろって文字を起こすことですが、ただ起こせばいいというわけではありません。作成した原稿を発注先が読みやすいように、正しい文章入力をマスターする必要があります。また、原稿はパソコンを使って納品することが増えていますから、最低限のパソコン知識は身につけておいたほうがよいでしょう。

収入

作業の仕方や依頼先によって違いますが、1時間の録音テープ1本で1〜2万円くらいです。経験豊富なテープリライターに継続して仕事を依頼することが多く、新人にとって仕事を得るのは厳しいのが現状です。

📌 問い合わせ先

□ がくぶん
東京都新宿区早稲田町5-4
Tel.0120-004-252

大道具製作者

　テレビ番組、舞台、コンサートなどのセット、大道具・小道具を作るのが仕事です。

　大道具製作とひと口にいっても、仕事の内容は幅広く、セットのデザインから実際に建てこむ作業、収録中の小道具などの出し入れ、終わった後には、セットの解体もあります。大掛かりなセットを組むときは、材料の搬入、釘打ちなど、大工仕事に近いことも行うため、体力が必要になります。

　就職にあたって、特に資格は必要ありませんが、モノを作り出すことの好きな人向きの仕事です。

問い合わせ先／放送芸術系の専門学校や大道具製作会社など。

 ## タイムキーパー

　番組の進行予定が書かれたキューシートに沿って、コマーシャルやVTRを流すタイミングなどをスタッフ全員に知らせるのが、タイムキーパーの仕事です。

　生放送の場合、スケジュール通り進行するケースが少なく、変更があればそのつどキューシートを作成しなおして、スタッフに手渡します。１秒の時間のズレも許されず、緊張感を強いられます。

　タイムキーパーのほとんどが女性。求人の数はさほど多くはありませんが、業界の中でも女性の活躍が目立つ職業です。

問い合わせ先／各放送芸術系専門学校など。

 ## CM制作者

　CM制作者になるには大きく分けて、広告代理店に勤めるルートとCM制作会社で働くルートのふたつがあります。

　広告代理店の場合、クライアントに提出する企画や商品のキャッチコピーなどを考えることもありますが、マネジメント的な仕事が多くなります。撮影や編集作業も含めて、トータル的な仕事をしたい場合は制作会社のほうが実現可能ですが、企画・プロデュースなどすべてを兼任するので、仕事はかなりハードです。

　入社してからある程度の期間は、アシスタントとして仕事を覚えることになります。

問い合わせ先／各広告代理店や制作会社、放送芸術系専門学校など。

コンピュータ

Computer

システム・エンジニア●プログラマー●DTPオペレーター●Webデザイナー●
ゲームデザイナー●パソコンインストラクター●CADオペレーター●OAオペレーター

システム・エンジニア

就職までのルートマップ

大学・専門学校等を卒業してソフトウェアメーカー、ハードメーカー等へ技術職として就職する（情報処理技術者試験等の資格を持っていると就職に有利）。

プログラマーとしての経験を積み、実力がつけばシステム・エンジニアとしての仕事を任されるように。

仕事の内容

パソコンをはじめ、コンビニや書店のPOSシステム、銀行のオンラインシステムなど、私たちの生活にはありとあらゆる場所にコンピュータ・システムが使われています。

これらのコンピュータ・システムを開発する際に中心的な役割を果たすのが、システム・エンジニア（SE：System Engineer）と呼ばれる技術者です。

システム開発にはさまざまな種類のものがあり、それによって仕事の内容も変わってきます。一例をあげると、ソフトウェアメーカーが、顧客であるユーザー会社の社内ネットワークシステムの開発を依頼された場合、次のような流れで仕事が進みます。

①顧客との綿密な打合せによるシステムの企画。

②基本設計の立案。

③詳細設計の立案。

④システムの開発・構築。

⑤ユーザー企業へのシステムの導入と運用。

⑥システムの保守・管理。

システム・エンジニアは、このような仕事の流れのほぼ全局面にわたってリーダー的な役割を果たします。

ユーザーとの折衝、システムの基本設計、プログラマーへの指示・監督、開発費用の見積もり、スケジュールの管理など仕事の範囲は幅広いため、単なる技術的知識だけではなく、システム開発の全ジャンルにわたる豊富な経験が必要です。したがってシステム・エンジニアの仕事をするには、プログラマーとしての業務経験が最低でも2～3年くらいは必要です。

なお、システム・エンジニアというのは日本における造語で、たとえばアメリカの企業ではシステム・エンジニアという職種はなく、アナリストやシステムデザインなどと、もっと細分化した名称がつけられ分業がされています。

そのため、日本でもシステム・エンジニアは厳密に意味の決まった職種というより、システム開発の一定部門のチームリーダーという位置づけをする企業も多いようです。

証 資格の取り方

資格がなければシステム・エンジニアの仕事ができないということはありませんが、関連する資格としては「情報処理技術者」試験があります。

情報処理技術者試験は、経済産業省が管轄する国家試験です。業務独占資格ではありませんが、業界内でも公的に高い評価が得られる資格です。受験資格に制限はなく、誰でも受験できます。

レベル4（高度な知識・技能）
①システム監査技術者試験
②ITサービスマネージャ試験
③エンベデッドシステムスペシャリスト試験

④データベーススペシャリスト試験
⑤ネットワークスペシャリスト試験
⑥プロジェクトマネージャ試験
⑦システムアーキテクト試験
⑧ITストラテジスト試験
レベル3（応用的知識・技能）
①応用情報技術者試験
レベル2（基本的知識・技能）
①基本情報技術者試験
②情報セキュリティマネジメント試験
レベル1（共通的知識）
①ITパスポート試験

また平成29年より、サイバーセキュリティ対策の人材育成・確保のための新しい国家資格「情報処理安全確保支援士（登録セキスペ）」が制定されました。

収入

各メーカーによって異なります。ハードウェアメーカーは企業規模が比較的大きいところが多く、ソフトウェアメーカーは企業規模に大きなばらつきがあります。プログラマーの上位職にあたるため、そのキャリアや能力に応じた高い給与が支払われます。

また、情報処理技術者等の資格保持者の場合、資格手当が支給されることもあります。

問い合わせ先

資格試験の問い合わせは、下記団体のHPお問い合わせフォームにて受付。
□ 独立行政法人情報処理推進機構
　デジタル人材育成センター
　国家資格・試験部
　東京都文京区本駒込2-28-8-15F

プログラム設計、コーディング等実務作業を行う

プログラマー

就職までのルートマップ

情報技術系の大学、専門学校等を卒業する。在学中に情報処理技術者試験等の資格を取得しておくと就職に有利。

↓

ソフトウェアメーカーやハードウェアメーカーへ就職。

仕事の内容

コンピュータ・システムを形づくる数々のプログラムの作成が、プログラマーのおもな仕事です。

プログラムは、コンピュータを作動させるための一連の命令文であり、各種のコンピュータ言語で書かれています。プログラマーの仕事は、プログラムを設計し、コンピュータ言語で命令文を書くことだともいえます。緻密な作業であり、数学的なセンスや根気が必要です。

扱う仕事は、銀行のオンラインシステムの構築、ネットワーク機器など通信関連のプログラム、家電製品の内蔵基盤など多岐にわたります。また、インターネットの普及とともに、細かいWeb関係の仕事も増えています。

資格の取り方

この資格がなければプログラマーの仕事に就けないというものはありません。ただし、情報処理技術者試験の有資格者は就職・転職・昇進などで有利に働くことは間違いありません（情報処理技術者試験についてはP57参照）。

情報処理技術者試験の中でも、プログラマーに要求される資格としては「基本情報技術者」や「応用情報技術者」などが、基本的なものとしてあげられます。

収入

勤務するソフトウェアメーカーやハードウェアメーカー等の給与規定によります。学歴や経験にもよりますが、基本的にはソフト開発の初級職員という位置づけがされています。

問い合わせ先

□ 独立行政法人情報処理推進機構
　 デジタル人材育成センター
　 国家資格・試験部
　 東京都文京区本駒込2-28-8-15F

出版の組版・デザイン部門に携わる

DTPオペレーター

就職までのルートマップ

専門学校、大学等を卒業。
DTPソフト等を教える講座を受講して基本的な技術を覚えておく方が、就職には有利。

↓

印刷会社（特に組版関係）や編集プロダクション、出版関係のデザイン事務所、出版社等へ就職。

💼 仕事の内容

DTPはDesk Top Publishingのことで、パソコンを使って文字や図形、写真、イラストなどをレイアウトし、印刷までの全工程をコンピュータで扱えるようデータ処理した出版物制作方法のことをいいます。

DTPオペレーターは、この工程の中で特に、文字・画像データをページレイアウトし、一冊の本の形に整える作業を担当します。

編集者やデザイナーが作ったレイアウトをもとに指定どおりに作業を行うこともあれば、おおまかな指示だけをもとに

オペレーターがデザイン的な業務を行うこともあります。

したがって、ソフトを扱える知識と技術だけではなく、デザインセンスなども必要とされる仕事です。

🎫 資格の取り方

DTPオペレーターの仕事をするのに必ず持っていなければならない資格はありませんが、InDesign、Illustrator、Photoshop等のDTPソフトを扱える知識と技術が最低限必要です。

関連資格として公益社団法人日本印刷技術協会が行うDTPエキスパート認証試験があります。これはDTPソフトの知識に加え、製版・印刷に関する知識、コンピュータに関する知識等も問われる総合的・実践的な試験です。

🐷 収入

印刷会社等の給与規定によります。

📍 問い合わせ先

□（公社）日本印刷技術協会
　東京都杉並区和田1-29-11
　Tel.03-3384-3115

Webデザイナー
（ホームページクリエイター）

就職までの ルートマップ

大学、専門学校等で、Webデザイン
に必要な知識や技術を身につける。

↓

Webデザイン会社、広告制作会社、
または一般企業のインターネット関連
部門等へ就職。

仕事の内容

インターネット上で、おもに企業や自
治体、学校などのホームページの制作を
行うのが、Webデザイナーの仕事です。

ホームページ作成に必須のHTML言語
の知識はもちろん、JAVA言語やコンピ
ュータグラフィックなどのさまざまなコ
ンピュータに関する知識に加え、デザイ
ンのセンスと基礎的な知識、さらには文
章を書く技術など、多方面の能力が要求
される仕事です。

資格の取り方

Webデザインの仕事をするのには、
特別の資格は必要ありません。専門学校

などではWebデザインのコースを設置
しているところがたくさんありますか
ら、そういった学校で基礎的な知識と技
術を勉強する方法があります。

また関連資格としては、CG-ARTSが
行っているWebデザイナー検定があり
ます。

Webサイトの企画・制作・デザイン
に関する理解と知識、また制作現場での
企画や業務を行う能力を測る試験で、基
礎的な理解力を測るベーシック、専門的
な力や応用力を測るエキスパートがあり
ます。受験資格はなく、誰でも受験でき
ます。

その他にも、マルチメディア検定、
CGクリエイター検定、CGエンジニア
検定、画像処理エンジニア検定を行って
います。

収入

勤務先会社の給与規定によります。

問い合わせ先

□ （公財）画像情報教育振興協会
（CG-ARTS）
東京都中央区築地1-12-22　コンワビル7F
Tel.03-3535-3501

家庭用・PC・スマホ用ゲーム制作

ゲームデザイナー

**就職までの
ルートマップ**

専門学校などで学び、基礎的な知識と
技術を身につける。

↓

ゲームソフト制作会社等へ就職。

💼 仕事の内容

家庭用ゲーム機器やパソコン用ゲーム
ソフト、スマホなどのゲームアプリを開
発・制作する仕事です。

ゲーム業界はソフトを制した者が勝つ
といわれるほど、ソフトの開発が重要視
されています。ソニーや任天堂、セガと
いったゲーム機器メーカーの競争におい
ても、ソフトメーカーが自社機器用のソ
フト開発をしやすい環境を整えたソニー
が大成功を収めたり、一時は他を圧倒し
ていた会社が苦戦を強いられたりするの
は、人気ソフトの出現に左右されるから
だといわれています。

毎年数多くの新作ソフトやアプリが開
発されますが、大ヒットする作品はほん
のひと握りです。

ヒットがむずかしいわりには、ゲーム
ソフトの制作には膨大な手間と時間がか
かります。ゲームデザイナーは新しい作
品を創造することが最も重要な仕事です
から、企画力、ＣＧや各種プログラムの
専門知識、ユーザーの嗜好をとらえるデ
ザインセンス、各分野の専門家を活用す
るプロデュース能力など、多方面の能力
が要求されます。

証 資格の取り方

この資格を持っていれば就職に有利と
いうものはありません。

ただし、専門学校等でゲームデザイナ
ー養成コースを設置しているところがた
くさんありますので、そのような学校で
ある程度の基礎を勉強することが就職へ
の近道だといえるでしょう。

🐷 収入

ソフトメーカーは規模の大小、業績の
好不調が大きいため、収入や地位は不安
定な職業だと思っておいた方がよいでし
ょう。

📍 問い合わせ先

ソフトメーカーや養成校へ。

パソコンインストラクター

就職までのルートマップ

一般企業やパソコンメーカー、ソフト会社等でパソコンの技術を修得。または、パソコン教室等でパソコンの知識と技術を学ぶ。

↓

パソコン関連資格を取得。

↓

人材派遣会社に登録したり、パソコンメーカー、ソフトメーカー等に就職。

仕事の内容

パソコンメーカーのショールームや新製品の展示会で操作方法を実演したり、パソコンのユーザー企業へ出向いて操作方法の講習を行ったりするのが、インストラクターの仕事です。

パソコンの操作・実務に精通しておくことはもちろんですが、インストラクターはいわゆる技術職ではありません。顧客にパソコンを教えることがメインの仕事ですから、いわゆるサービス業・接客業ととらえた方がよいでしょう。したがって、人当たりの良さやていねいな言葉づかい、的確な説明能力などの専門知識以外の資質も必要です。

資格の取り方

資格がなくてもインストラクターにはなれますが、パソコン関係にはたくさん資格があり、持っておくと何かと有利になるものもあります。

その中でも、最もインストラクター向きといえるのは、情報処理技術者試験（→P57）の中の「基本情報技術者」と「応用情報技術者」でしょう。

また、特定のハードやソフトメーカー独自の資格もあります。マイクロソフト社のMCT資格、アドビシステムズ社のACI資格などがこれにあたります。

収入

雇用先のハード・ソフト会社、ユーザー企業などによって異なりますが、一般事務職よりは高い収入が見込めます。

問い合わせ先

人材派遣会社、ソフト・ハードメーカーなどへ。

コンピュータを使って製図

CADオペレーター

就職までのルートマップ

専門学校等で基本的な知識と技術を身につける。

↓

建築会社、設計事務所、機械メーカー、デザイン事務所等に就職（CAD利用技術者試験に合格しておくと有利）。

仕事の内容

CAD（キャド）はComputer Aided Designの略で、コンピュータを用いて設計や製図を行う仕組みをCADシステムといいます。オペレーターは、建築士やエンジニアが作った指定書をもとにして精密な図面として仕上げます。

現在は建築業界だけではなく、機械や家電各種メーカー、自動車、航空機業界などでもCADシステムが取り入れられています。

資格の取り方

この資格を持っていないと、仕事ができないというものはありません。民間資格として、一般社団法人コンピュータ教育振興協会が行っている「CAD利用技術者試験」があります。

試験は、2次元CAD利用技術者試験（1級・2級・基礎）、3次元CAD利用技術者試験（1級・準1級・2級）に分かれています。受験資格は特に定められていませんが、1級および準1級については2級資格保持者であることが条件になります。

3次元CAD利用技術者試験1級、準1級と2次元CAD利用技術者試験1級は年2回、各試験2級および基礎は随時実施されています。

また、2次元CAD利用技術者試験1級は「建築」「機械」「トレース」の3つに分かれて試験が行われます。

収入

勤務先の企業や事務所などにより、かなりの違いがあります。

問い合わせ先

CAD利用技術者試験については

□（一社）コンピュータ教育振興協会
東京都港区赤坂2-8-14　丸玉第3ビル8F
Tel.03-3560-8435

OAオペレーター

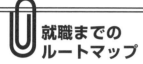

就職までのルートマップ

独学やPC講座等を受講してパソコン技術や知識を取得。

↓

派遣社員に登録。在宅勤務も可能。

 ## 仕事の内容

ExcelやWord、データベース作成のAccessやプレゼン資料作成のPower Pointなどのアプリケーションソフトを使って、文章や資料を作成するのがOAオペレーターの仕事です。

文字やデータ入力などの基本的操作だけで対応できる業務もあれば、データの抽出や集計・加工を行って資料作成まで依頼されることもあり、業種や職場によって求められるパソコンスキルが違います。いずれの業務でも、正確さとスピードが求められます。

資格の取り方

特に資格は必要ありません。

パソコンの事務処理能力を評価する検定試験が、2つの団体で行われています。ともに受験資格に制限はありません。

◎日本商工会議所検定試験
（日商PC検定）

検定には、文章作成、データ活用、プレゼン資料作成の3つがあり、1～3級およびベーシック（プレゼン資料作成以外）試験が行われます。

◎中央職業能力開発協会検定試験
（コンピュータサービス技能評価試験）

ワープロ部門、表計算部門、情報セキュリティ部門の3つが1～3級（情報セキュリティ部門は単一等級のみ）まであります。

 ## 収入

派遣社員の場合、時給1000円～2000円と幅があるようです。

 ## 問い合わせ先

□ 日本商工会議所検定情報ダイヤル
東京都千代田区丸ノ内3-2-2-6F
Tel.050-5541-8600

□ 中央職業能力開発協会
東京都新宿区西新宿7-5-25
西新宿プライムスクエア11F
Tel.03-6758-2840
および都道府県職業能力開発協会へ。

No.4

ビジネス・コンサルティング

Business Consulting

弁護士●公認会計士●不動産鑑定士●税理士●司法書士●弁理士●行政書士●
土地家屋調査士●宅地建物取引士●社会保険労務士●中小企業診断士●
労働安全・衛生コンサルタント●建築士●キッチンスペシャリスト●測量士●秘書●
インテリアコーディネーター●技術士（補）●証券アナリスト（リサーチ・アナリスト）●
ファンド・マネージャー●ファイナンシャル・プランナー●消費生活アドバイザー●
生命保険営業職員

弁護士

📎 就職までのルートマップ

司法試験に合格する。受験資格に制限なし。

↓

司法修習を受ける。

↓

法律事務所へ就職。

💼 仕事の内容

弁護士の使命は、基本的人権を擁護し、社会正義を実現することにあります。

弁護士の仕事は、依頼者の利益や権利を法的手続きを通して守ることだといえます。具体的な業務としては、民事事件・刑事事件などの訴訟事件の法的処理、裁判にはいたらないトラブルなどの示談交渉、あるいは行政に対する審査請求、異議申し立てなど、さまざまなものがあります。

また、交通事故、不動産取引、住宅建築などの分野では、裁判所外の紛争処理機関も設立され、迅速な解決に向けて一定の役割を果たしつつあります。法廷実務ばかりでなく、このような紛争解決システムに弁護士が積極的に関与することが望まれています。

🏛 資格の取り方

司法試験に合格して、1年間の司法修習を終えれば弁護士になる資格を取得できます。(→P233判事(裁判官)参照)

弁護士は本来個人で独立開業する自由業種ですが、資格取得直後はまだ実力も仕事の人脈もないため、初めは法律事務所に就職するのが普通です。

収入

独立開業している場合と法律事務所の場合、また扱う事件数により異なってきます。司法修習直後の弁護士の場合、年収1000万円以下がほとんどで、500万円未満が3割を占めます。

📍 問い合わせ先

□ 日本弁護士連合会
　東京都千代田区霞が関1-1-3
　Tel.03-3580-9841

高収入が得られ社会的地位も高い

公認会計士

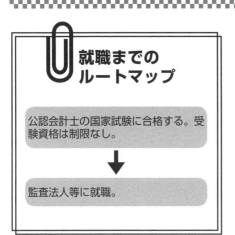

就職までのルートマップ

公認会計士の国家試験に合格する。受験資格は制限なし。

↓

監査法人等に就職。

仕事の内容

株式上場・公開している企業や一定規模以上の企業は、株主などに正しい経営状態を伝えるために、公認会計士による監査証明が義務づけられています。

公認会計士は、企業の作成する決算書類がその企業の財政状態や経営成績を正しく示しているかどうかを、公正な第三者的立場から監査し証明します。もし、関係書類に不一致点のある場合にはその原因を究明し、適正な財務書類を作成するように指導します。

また時には、経営全般にわたる相談にも応じ、専門的見地から適切な助言を行ったりします。

公認会計士には、税理士の資格が与えられることになっていますので、税務の仕事をすることもできます。

最高度の会計専門家として非常に高い社会的地位にあり、責任も重い仕事です。

資格の取り方

受験資格に制限はありません。

試験は、短答式（マークシート方式）と論文式によって行われます。短答式試験は毎年5月と12月の年2回行われ、試験科目は財務会計論、管理会計論、監査論、企業法の4科目。短答式試験合格者は8月に論文式試験（会計学、監査論、企業法、租税法、選択科目（経営学、経済学、民法、統計学のうち1科目選択））が課せられます。

試験合格後に3年以上の実務経験（業務補助または実務従事）と実務補習を受講。修了考査に合格した後、公認会計士として登録されます。

収入

大手監査法人の初任給が年収480万円〜600万円くらいです。

問い合わせ先

□ 公認会計士・監査審査会
　東京都千代田区霞が関3-2-1
　Tel.03-5251-7295

不動産の鑑定評価を行う専門家

不動産鑑定士

就職までのルートマップ

> 不動産鑑定士の国家試験に合格する。受験資格は制限なし。

↓

> 鑑定事務所等に就職。実力をつければ独立開業も。

仕事の内容

　第三者からの依頼に応じて、不動産の鑑定評価を専門的に行うのが仕事です。

　不動産鑑定士は、通常、次のような場合の鑑定に応じます。①国有財産や公共用地などの売買、②民事訴訟の際、③金融機関からの融資にともなう担保の際、④不動産の取り引きの際。

　鑑定の依頼主は、一般会社、銀行、裁判所、個人などで、他に不動産や税金に関しての相談にも応じることもあります。

　不動産の適正な鑑定には高度の法律的、経済的知識に加えて、社会全般の動きに対する読みの深さ、豊富な人生経験が要求されます。

資格の取り方

　不動産鑑定士試験は、受験資格に制限はなく誰でも受験できます。

　試験は短答式と論文式によって行われます。短答式試験は毎年5月に行われ、試験科目は不動産に関する行政法規、不動産の鑑定評価に関する理論。短答式試験合格者は8月に論文式試験（民法・経済学・会計学・不動産の鑑定評価に関する理論（演習・論文））が課せられます。

　試験合格後、実務修習を修了して国土交通大臣の確認を受けることによって、不動産鑑定士の資格を得ることになります。

　令和5年の論文式試験の結果は、受験者数885名、合格者数146名、合格率16.4％でした。

収入

　会社勤めをした場合、各企業ごとに差はありますが、資格手当が支給されます。

問い合わせ先

□ 国土交通省不動産・建設経済局地価調査課
　東京都千代田区霞が関2-1-3
　Tel.03-5253-8111

68

結婚後も長く続けられる

税理士

 就職までの
ルートマップ

国家試験に合格する。受験資格は大学・短大・専門学校で社会科学に属する科目を1科目以上履修して卒業した者等。

↓

税理士事務所等へ就職。

仕事の内容

依頼された企業や個人の税務上の諸業および相談をうける仕事です。事業体の税務に関与するとともに、正しい納税を促します。

決算書をはじめとする税務書類を作成したり、めまぐるしく改正される税法を正しくフォローしたりと、きめ細かな配慮が必要な仕事です。

資格の取り方

税理士試験に合格する必要があります。試験は5科目ですが科目合格制をとっており、一度合格した科目については永久に権利があります。

〈受験資格〉

大学、短大、専門学校において社会科学に属する科目を1科目以上履修して卒業した者。

他にも司法試験合格者、会計士補有資格者、弁理士・司法書士・行政書士・社会保険労務士・不動産鑑定士等の業務経験2年以上、日商簿記1級合格者など、各種受験資格が設けられています。

試験科目は、①簿記論、②財務諸表論、③所得税法、④法人税法、⑤相続税法、⑥国税徴収法、⑦住民税または事業税、⑧固定資産税、⑨酒税法または消費税法で、①②は必須、③～⑨から選択（③・④はいずれか必ず選択）となっています。

試験合格後は、会計事務所等に就職して実務経験を積みます。実力をつけ人脈をつくれば独立開業の道も開けます。

収入

税理士会の報酬規定を目安にしていますが、顧問報酬がもっとも多く、1社当たり1ヵ月約3～6万円です。

問い合わせ先

□ 国税審議会
　東京都千代田区霞が関3-1-1
　Tel.03-3581-4161

司法書士

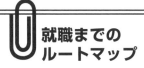

就職までのルートマップ

司法書士試験に合格する（学歴・年齢等制限なし）。

↓

司法書士事務所へ就職。実力をつければ独立開業も。

仕事の内容

法律上の手続きを踏む書類を作成するのが仕事です。

登記申請書、供託申請書、裁判所に提出する訴状、答弁書、証拠申立書、仮差押、仮処分申請など多方面の法的書類を当事者の依頼により作成し、提出代理または代行します。

おもに裁判所、検察庁、法務局、登記所などに提出されるものですが、これらの書類は手続きも形式も複雑で、素人には難解です。個人が法人会社に組織変えするなど、申請の手続きで活躍する場も広まってきました。

法的手続きに使われる書類のため、広く深い専門知識が求められます。

資格の取り方

司法書士試験に合格することが必要です。この試験は毎年1回筆記試験が、午前の部（憲法、民法、商法および刑法の分野から択一式）と午後の部（不動産登記および商業登記、供託ならびに民事訴訟、民事執行および民事保全に関する知識、司法書士関係法令に関し択一式、記述式）に分けて行われ、その合格者は後日さらに口述試験を受けます。

令和5年度は、受験者数1万3372名のうち、合格者数は695名で、合格率は約5.1％と、かなり難関になっています。

この資格試験は誰でも受験できますが、生半可な勉強の仕方では合格することはむずかしいといえます。

収入

ベテランの司法書士ともなれば高収入も期待できますが、独立開業の場合、最初の2、3年は顧客開拓や人脈を増やすことがメインの仕事といえます。

問い合わせ先

□ 日本司法書士会連合会
東京都新宿区四谷本塩町4-37
Tel.03-3359-4171

特許や意匠などアイデアの権利を守る

弁理士

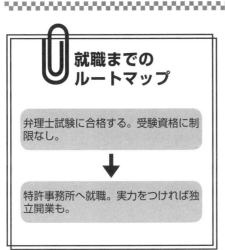

就職までのルートマップ

弁理士試験に合格する。受験資格に制限なし。

↓

特許事務所へ就職。実力をつければ独立開業も。

仕事の内容

技術革新が急速に進む現在、特許や実用新案、意匠登録、商標登録などに関して、盗用や侵害など工業所有権をめぐる係争が目立って多くなってきています。苦心して考え出したアイデアが他人に無断で使用されていたり、すでに誰かが特許を申請していたことに気づかず、許可なく使用していたということが少なくありません。

これらの弊害を避けるため、特許や実用新案、意匠、商標の出願や登録を個人や企業にかわって行い、また権利の侵害とみられるケースには異議申し立てを依頼者にかわって行うなどの、アイデアの権利を守る専門家が弁理士です。

資格の取り方

弁理士試験に合格することが必要です。受験資格に制限がなく、誰でも受験できます。

弁理士試験は、短答式と論文式の筆記試験および口述試験により行われます。論文式試験は短答式試験に合格した者、口述試験は論文式試験に合格した者に行われます。

また、工業所有権に関する科目の単位を修得し大学院を修了した人は、修了した日から2年間は一部試験科目が免除になります。

令和5年度は、受験者数3065名のうち、合格者数は188名（そのうち女性は69名）です。

収入

弁理士事務所、特許事務所に勤務する場合が多いようです。事務所により異なりますが、かなり高収入が期待できます。

問い合わせ先

□ 特許庁総務部秘書課弁理士室
　東京都千代田区霞が関3-4-3
　Tel.03-3581-1101

行政書士

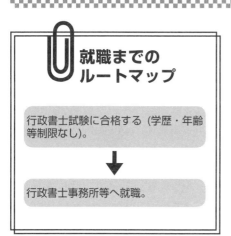

就職までのルートマップ

行政書士試験に合格する（学歴・年齢等制限なし）。

↓

行政書士事務所等へ就職。

💼 仕事の内容

官公庁に提出する書類、その他権利義務または事実証明に関する書類を、第三者の依頼により報酬を得て作成するのが仕事です。たとえば、建設業の許可申請、各種会社や非営利法人などの財団法人の設立、経営に関する各種帳簿書類の作成、金融機関への融資手続き、パスポート申請、内容証明、遺産分割協議書の作成、保険金請求の手続き、交通事故などの証明願い、また最近では国籍法による帰化申請、国籍喪失、戸籍法にともなう諸届け出も目立つようになり、仕事の範囲は広く、分野は多岐にわたります。

弁護士、税理士などの法律で定められている業務以外のいっさいの書類作成が行政書士の仕事ですから、細かく分けるとその種類は膨大な数になります。

📋 資格の取り方

行政書士国家試験に合格することが必要です。ただし、弁護士、弁理士、公認会計士、税理士等は行政書士となる資格を有します。

試験は毎年1回行われ、①行政書士の業務に関し必要な法令（憲法、民法、行政法、等）、②行政書士の業務に関連する一般知識等の2科目にわたって筆記試験があります。

受験資格に制限はなく、誰でも受験できます。

令和4年度の試験結果は、受験者4万7850名（うち女性1万5223名）、合格者5802名（1506名）、合格率12.1％（9.8％）でした。

🐷 収入

業務内容により報酬は異なりますが、収入は本人の営業努力次第です。

📍 問い合わせ先

□ （一財）行政書士試験研究センター
東京都千代田区一番町25 全国町村議員会館3F
Tel.03-3263-7700（試験専用照会ダイヤル）

個人から公共団体まで仕事の依頼主は幅広い

土地家屋調査士

就職までのルートマップ

土地家屋調査士試験に合格する（学歴・年齢等制限なし）。

↓

測量会社、土木建設会社、土地家屋調査士事務所等に就職。経験を積み独立開業も。

仕事の内容

不動産の表示に関する登記について必要な土地や建物に関する調査、測量を行い、また法務局（登記所）に申請手続きをすることがおもな仕事です。

たとえば、家を新築したり、既存の家を増改築した場合、所管の登記所にその結果を申請する必要があります。このとき、持ち主の依頼に応じて土地や建物を調査、測量して各種の図面を作成し、その結果に基づいて登記申請書を作成、申請を代行するのが土地家屋調査士です。

資格の取り方

土地家屋調査士試験に合格する必要が

あります。

受験資格に制限はなく、誰でも受験できます。測量士、測量士補、1級・2級建築士は、試験の一部が免除されます。

試験は毎年10月に筆記試験が行われ、合格者には後日口述試験が課されます。業務独占資格のため、この試験に合格をしなければ土地家屋調査士の仕事はできません。

令和4年度の試験結果は、出願者数4404名、合格者数424名（うち女性35名）でした。

収入

就職先として、測量会社、土木建設会社、土地家屋調査士事務所などがあげられ、各会社の給与規定によります。

会社で経験を積んだ後、独立開業することも可能。その際、司法書士や行政書士、建築関係の資格などを合わせて取得しておくと、個人で処理できる仕事の幅が広がり収入増へとつながります。

問い合わせ先

□ 東京法務局
　東京都千代田区九段南1-1-15
　Tel.03-5213-1323
その他、各地方法務局へ。

宅地建物取引士

就職までのルートマップ

宅地建物取引士試験に合格（学歴・年齢制限等なし）。

↓

不動産会社等へ就職。金融機関等でも有用な資格。

仕事の内容

　宅地建物取引業を行うところでは、事務所に最低1人以上の宅地建物取引士（5人につき1人以上）をおかなければならないように法律できめられています。取引士の資格取得は、宅地建物取引関係者の間で必須となっています。

　おもな業務は、重要事項の説明、重要事項説明書および契約締結後に交付する書面への記名押印等、宅地建物の取引にあたって重要な任務を担っています。

資格の取り方

　国家試験に合格することが必要です。

〈受験資格〉

　学歴、年齢、性別などの制限はなく、誰でも受験できます。

〈試験内容〉

　土地の形質や地積、建物の形質や構造、権利、法令上の制限、税法、需給に関する法令および実務、価格の評定、宅地建物取引業法などについての択一式筆記試験。

〈試験期日〉

　毎年1回、例年10月第3日曜日に全国各都道府県において行われます。受験申込は7月上旬〜7月下旬です。

　令和5年度の試験結果は、受験者数23万3276名（うち女性8万1428名）、合格者数4万25名（1万4920名）、合格率17.2％（18.3％）となっています。

収入

　資格取得後の勤務先はやはり不動産会社がいちばん多いのですが、他にも銀行や信用金庫等の金融業、建設業などでも有用な資格です。

　実力次第ではかなりの収入が見込め、独立開業すればさらに飛躍が望めます。

問い合わせ先

□（一財）不動産適正取引推進機構試験部
東京都港区虎ノ門3-8-21　第33森ビル
Tel.03-3435-8181

企業の社会保険問題を解決する専門家

社会保険労務士

就職までのルートマップ

社会保険労務士試験に合格（受験資格は、大学一般教養履修者等）。

↓

社会保険労務士事務所、一般企業の総務部門等へ就職。実力がつけば独立開業の道も。

仕事の内容

　おもな仕事として、労働基準法を基盤とする労務管理、健康保険法や厚生年金保険法など労働社会保険諸法令に定められているさまざまな書類の作成と行政機関等への届出、事務代理、労働者名簿や賃金台帳などの帳簿書類の作成および労務管理、その他労働社会保険に関する事項についての相談・指導があげられます。

資格の取り方

　毎年１回行われる社会保険労務士試験に合格して、さらに２年以上の実務経験か事務指定講習を修了し、都道府県社会保険労務士会の会員になると開業が可能になります。

〈受験資格〉

　大学の一般教養科目の修了者、短期大学、高等専門学校の卒業者、司法試験予備試験合格者、労働社会保険に関する公務員経験３年、行政書士有資格者など。

〈試験科目〉

　①労働基準法および労働安全衛生法、②労働者災害補償保険法、③雇用保険法、④労務管理その他の労働に関する一般常識、⑤社会保険に関する一般常識、⑥健康保険法、⑦厚生年金保険法、⑧国民年金法

　令和５年度は、受験者数４万2741名、合格者数2720名で、合格率は約6.4％です。

収入

　企業内で社会保険の手続業務をする場合、社労士事務所を開業する場合など、ケースによって大きく変わります。

問い合わせ先

□ 全国社会保険労務士会連合会試験センター
　東京都中央区日本橋本石町3-2-12
　社会保険労務士会館5階
　Tel.03-6225-4880

中小企業診断士

就職までのルートマップ

中小企業診断士試験に合格する (学歴・年齢等制限なし)。

↓

中小企業診断士協会へ登録。

↓

コンサルティング会社へ就職、または独立開業。

💼 仕事の内容

　現在、経営コンサルティングに関する民間資格は数多くあり名称もさまざまですが、中小企業診断士は唯一国家資格として認定されています。上場企業や金融機関では、この資格取得を奨励しており、最近では人気の高い資格のひとつになっています。

　資格取得後すぐに独立開業という人は多くありませんが、企業内での社内教育の講師を務めたり、取引先の経営診断など、中小企業診断士の知識はビジネスに大いに活用できます。

資格の取り方

　資格を取得するには次の2つの方法があります。

（1）中小企業診断士試験に合格。

　受験資格はなく誰でも受験できます。

　第1次試験は多肢選択式の筆記試験、第2次試験は筆記試験により実施。2次の合格者には、後日口述試験が行われます。

　平成18年度より第1次試験には科目別合格制が導入され、3年間で7科目を合格すれば1次試験合格となります。

（2）中小企業大学校の中小企業診断士養成課程を修了。

　研修期間は6カ月。選考は書類審査と面接により行われますが、応募条件として中小企業診断士第1次試験合格者、実務経験2年以上の者等が対象になります。

📍 問い合わせ先

□ （一社）中小企業診断協会
　東京都中央区銀座1-14-11　銀松ビル5階
　Tel.03-3563-0851

□ 中小企業大学校（東京校）
　東京都東大和市桜が丘2-137-5
　Tel.042-565-1273

労働安全・衛生コンサルタント

就職までのルートマップ

大学、短大等を卒業して、一般企業へ就職。実務経験を5年（ないし7年）以上積んで国家試験に合格、労働安全（衛生）コンサルタントとなる。

↓

実力があればコンサルタント事務所へ転職したり独立開業も。

仕事の内容

　企業内における労働者の安全管理や衛生管理を行う立場の人は従来からおりましたが、技術開発や経済環境の変化に伴って制定された国家資格が労働安全・衛生コンサルタントです。

資格の取り方

　年1回行われる労働安全・衛生コンサルタント試験に、合格する必要があります。受験資格は下記のとおりです。
①4年制大学または旧専門学校令による専門学校の理科系を卒業した者で、5年以上安全（または衛生）の実務に従事した経験を有する者。
②短大または高等専門学校で理科系を卒業した者で、7年以上安全（または衛生）の実務に従事した経験を有する者。
③①②の者と同等以上の能力を有すると認められる者で厚生労働省令で定める者。
　などです。

〈試験区分〉
労働安全コンサルタント
①機械、②電気、③化学、④土木、⑤建築。
労働衛生コンサルタント
①保健衛生、②労働衛生工学。
　第1次試験は筆記試験、2次試験は口述試験です。厚生労働省令で定める資格を持っている人は、コンサルタント試験の一部または全部が免除になります。

収入

　安全、衛生ともにコンサルタントを必要とする企業のほとんどが中小企業のため、個別報酬が高いとは思われませんが、数をこなすことで収入が得られます。

問い合わせ先

□（公財）安全衛生技術試験協会
　東京都千代田区西神田3-8-1
　千代田ファーストビル東館9階
　Tel.03-5275-1088

設計やデザインでセンスを生かせる

建築士

 就職までの ルートマップ

大学、短大、専門学校等の建築学科、土木工学科等を卒業する。

↓

建設会社、設計事務所等へ就職。

↓

規定の実務経験を積んで、2級建築士、木造建築士、1級建築士試験に合格する。

仕事の内容

　建築士はその専門的知識と技術に基づいて、建築物に関する設計および工事管理、建築工事契約に関する事務、建築工事の指導監督、建築関係法令や条令に基づく手続きの代理などを行うことを職務としています。

　建築士には1級（国土交通大臣の免許）と2級、木造（都道府県知事の免許）があり、大規模な建築物は1級建築士でなければ取り扱えませんが、一般住宅や店舗であれば、2級または木造の資格で行えます。

　建築というと男性の職場のイメージがありますが、一般住宅や店舗をはじめとする建築物の設計やインテリア・デザインなどに、女性ならではのセンスを生かすことが求められています。

資格の取り方

　試験に合格後、1級建築士は国土交通大臣、2級・木造は都道府県知事より免許が交付されます。1級の試験は、7月下旬に学科、10月上旬に設計製図を実施。2級・木造試験は、7〜8月に学科、9〜10月に設計製図の試験が実施されます。

　免許の登録には実務経験が必要になり

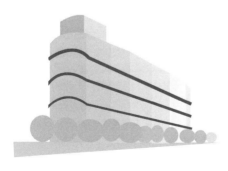

ますが、建築士法の改正により令和2年3月1日以降、試験受験までに必要だった実務経験が免許登録の際の要件に改められました。これにより実務経験は、免許登録までに積めば良いことになりました。

〈2級建築士・木造建築士免許登録要件〉

①大学（短期大学を含む）または高等専門学校において、指定科目を修めて卒業※した者。

②高等学校または中等教育学校において、指定科目を修めて卒業※し、2年以上の実務経験*を有する者。

③7年以上の実務経験*を有する者。

〈1級建築士免許登録要件〉

①大学（旧制大学を含む）において、指定科目を修めた卒業※者で、卒業後2年以上の実務経験*を有する者。

②昼間3年制短大（夜間部を除く）において、指定科目を修めた卒業※者で、卒業後3年以上の実務経験*を有する者。

③2年制短大、高等専門学校（旧制専門学校を含む）において、指定科目を修めた卒業※者で、卒業後4年以上の実務経験*を有する者。

④2級建築士の免許取得者で、取得後4年以上の実務経験*を有する者。

⑤建築設備士として、4年以上の実務経験*を有する者。

※卒業…国土交通大臣が指定する建築に関する科目（指定科目）を修めて卒業。

＊実務経験…設計・工事監理に必要な知識・能力を得られる実務経験。

収入

勤務先によりかなり差がありますが、初任給は木造、2級免許で月収18万円以上、1級で24万円以上程度が見込まれます。

自分で設計事務所を開けば、住宅などでは、総工費の5～10％程度が設計料になるようです。

問い合わせ先

□ 国土交通省住宅局建築指導課
　東京都千代田区霞が関2-1-3
　Tel.03-5253-8111

□ （公社）日本建築士会連合会
　東京都港区芝5-26-20　建築会館5階
　Tel.03-3456-2061

□ （公財）建築技術教育普及センター本部
　東京都千代田区紀尾井町3-6　紀尾井町パークビル
　Tel.03-6261-3310

！ キッチンスペシャリスト

消費者に、安全で快適なキッチン空間を提案するキッチンスペシャリスト。住宅メーカーや住宅設備機器メーカーなどで、活躍しています。

受験資格に制限はなく、試験は学科試験と実技試験が行われます。

問い合わせ先
キッチンスペシャリスト資格試験運営事務局
東京都千代田区神田練塀町3 AKSビル6F
Tel.03-5209-0553

測量士

就職までのルートマップ

> 測量士補の資格が取れる大学や短大、専門学校等を卒業する。

↓

> 測量事務所、建設会社等へ就職。

↓

> 1～3年の実務経験を積めばそのまま測量士の資格取得となる。

仕事の内容

測量技術者の仕事は、それぞれの目的に合った測量計画を立て、実際にその土地に赴いて計測や写真撮影、地図の作成や修正などを行うことです。

また、測量の専門技術だけでなく、土木、建築、鉱物など関連する幅広い知識が要求される仕事です。

職場としては測量事務所や建設会社、地図製作会社、公務員などがあります。

資格の取り方

国土交通大臣認定の国家資格である測量士および測量士補の資格があります。

資格取得には、国土交通省が行う国家試験に合格する方法、認定を受けた大学や専門学校で測量に関する科目を修めて卒業する方法の2通りがあります。認定を受けた学校で科目を履修すると、測量士補の資格が与えられますが、測量士になるには卒業後決められた実務経験を積まなければなりません。

国土交通省が行う国家試験は、年1回5月中旬頃に実施していますが、試験はかなりの難関です。

測量士または測量士補の資格保持者は、土地家屋調査士試験の受験に際して、平面測量と作図の試験が免除されます。土地家屋調査士資格取得のワンステップとしても有用な資格といえるでしょう。

収入

公務員の場合は各自治体の給与規定により、民間の場合も各企業の給与規定によります。

問い合わせ先

□ (公社)日本測量協会
　東京都文京区小石川1-5-1-5F
　Tel.03-3815-5751
その他、国土地理院各地方測量部及び支所。

豊かな知性と判断力、信頼性が必要

秘書

就職までの
ルートマップ

大学、短大等を卒業する（秘書検定2級程度を取得しておくと就職に若干有利になることもある）。

↓

企業の秘書課・総務課などに就職。

🎒 仕事の内容

　秘書の仕事は、組織形態や業種によって内容も変わってきますが、一般的には、経営者や管理者など上司のスケジュール調整、訪問客の接待、書類の作成、管理、情報の収集・整理・提供から対人関係の処理まで広範囲にわたります。

　決まりきった仕事を与えられるわけではなく、多くの雑務をそのつど機転をきかせて処理していくことが大切なため、豊かな知性や機敏で明確な判断力、要領を得た話術、信頼性などが必要です。

📖 資格の取り方

　特別な資格や試験はありませんが、公益財団法人実務技能検定協会では秘書検定、一般社団法人日本秘書協会では、CBS（国際秘書）検定を行っています。

　外資系の企業に勤める場合は、語学力が必須条件で、英会話、英語文章の入力にたけていることが望まれます。またパソコンの操作などもマスターしていれば、なお有利といえます。

収入

　一般的には普通社員の給与基準プラスアルファーですが、各企業により差があります。初任給で18万円以上、特技や経験があれば25万円以上も可能です。

　日本の企業では、一般事務として採用しているのに比べ、外資系の企業では何年か経験を積んだ人を採用することが多く、その場合かなりの高収入が得られます。

📍 問い合わせ先

□ （公財）実務技能検定協会
　東京都新宿区高田馬場1-4-15
　Tel.03-3200-6675

□ （一社）日本秘書協会
　東京都港区六本木6-2-31
　六本木ヒルズノースタワー5F
　Tel.03-5772-0701

快適で調和のとれた建築空間をプロデュース

インテリアコーディネーター

就職までのルートマップ

大学、専門学校等を卒業して、内装施工会社、家具販売・卸店、百貨店、住宅メーカー等へ就職する。

↓

インテリアコーディネーターの資格を取得し、キャリアを身につける。

仕事の内容

　インテリア用品（家具、カーペット、カーテンなど）を消費者のニーズだけではなく、住環境、家族構成なども考慮に入れ、その商品選択も含めてインテリアを総合的に構成し、依頼主に適切なアドバイスや提案をするのがインテリアコーディネーターの仕事です。

　百貨店で家具を販売する場合を例にとると、テーブル・イスなどを単品ですすめるのではなく、カーテンや壁紙の色調・材質、家電品のデザインなども含めて、客の求める部屋のイメージを現実のものに近づけるのがインテリアコーディネーターだといえるでしょう。

資格の取り方

　経済産業省の認定資格で、公益社団法人インテリア産業協会が実施する試験があります。受験資格に年齢・性別・学歴・職業・経験の制限はありません。

　試験内容は、1次試験がマークシートによる択一式の学科試験。2次試験は論文試験とプレゼンテーション試験があります。2次試験は1次試験合格者に対して行われます。

収入

　就職先として、住宅メーカー、インテリア関連商品のメーカー、インテリアショップ、内装施工会社などがあげられます。

　各企業によって差はありますが、一般の事務職よりは高めの収入が見込めます。

問い合わせ先

□ （公社）インテリア産業協会
　東京都新宿区新宿3-2-1 京王新宿321ビル8F
　Tel.03-5379-8600

□ 専門学校ICSカレッジオブアーツ
　東京都目黒区柿の木坂1-5-6
　Tel.0120-006-911

科学技術のコンサルタント

技術士（補）

就職までのルートマップ

第一次試験（技術士補試験）に合格する。

↓

実務経験を積み、第二次試験の受験資格を得て合格。

↓

技術士として、企業への技術コンサルタントとして活躍。

仕事の内容

技術に関する、研究・開発・設計・指導・相談・管理など、企業からのさまざまな要望や相談に応じるのが技術士の仕事。新しい技術やシステムを企業が導入したい場合、プラン作成から技術者の指導までトータル的な対応にあたるので、高度な専門知識と豊富な実務経験が必要です。

資格の取り方

文部科学省が実施する国家試験に合格する必要があります。まず第一次試験に合格もしくは指定された教育課程を修了して技術士補の資格を得てから、第二次試験を受験。一次試験の受験資格に制限はありませんが、二次試験は下記の資格が必要になります。

【第二次試験受験資格】

①技術士補に登録して以降、技術士補として4年以上（総合技術監理部門は7年以上）技術士を補助している。

②技術士補となる資格を有した日以降、監督者の指導の下で、科学技術に関する業務について4年以上（総合技術監理部門は7年以上）従事している。

③科学技術に関する業務について7年以上（総合技術監理部門は10年以上）従事している。

技術士の第二次試験は、21の技術部門に分かれています。

収入

企業に勤める場合は勤務先の規定によりますが、専門性の高い資格のため昇格につながるケースもあります。

問い合わせ先

□（公社）日本技術士会技術士試験センター
東京都港区芝公園3-5-8　機械振興会館
Tel.03-6432-4585

83

証券アナリスト（リサーチ・アナリスト）

就職までのルートマップ

大学の経済・経営系学部を卒業（在学中に検定試験の1次・2次試験に合格しておくと就職に有利）。

↓

証券会社、保険会社、投資顧問会社、経済研究所等へ就職。

💼 仕事の内容

証券アナリストは広い意味を持つ言葉で、大まかにはリサーチ・アナリストとファンド・マネージャーという二つの職種があります。ここでは、リサーチ・アナリストを紹介します。

リサーチ・アナリストは、株式・債券などの証券の分析・評価や経済全体の動向の分析・予測などによって、投資家に役立つ情報を提供します。

おもな職場は、証券会社、経済研究所、投資顧問会社、保険会社、投資信託銀行などです。

証 資格の取り方

公益社団法人日本証券アナリスト協会が実施する検定試験があります。一般に言う「証券アナリスト資格」取得者とは、この試験に合格して協会の検定会員になった人のことを指します。これは民間資格であり、この資格がないと証券アナリストの仕事ができないというものではありませんが、社会的評価は高く、取得しておくと就職・転職には有利です。受験資格はなく、誰でも受験できます。

証券アナリスト試験は、受験に際し、必ず協会の行う通信講座を受講しなければならないとされています。

資格取得までの大まかな流れは次のようになっています。

1次レベル通信講座（8ヵ月）→1次試験・合格→2次レベル通信講座（8ヵ月）→2次試験受験・合格→検定会員（実務経験3年必要）

🐷 収入

勤務先の給与規定によります。

問い合わせ先

□（公社）日本証券アナリスト協会
東京都中央区日本橋兜町2-1
Tel.03-3666-1511

巨額の資金を運用する投資のプロフェッショナル

ファンド・マネージャー

就職までの
ルートマップ

大学の経済・経営系学部を卒業（在学中に検定試験の1次・2次試験に合格しておくと就職に有利）。

↓

投資信託会社、銀行、信託銀行、生保・損保会社等へ就職。

仕事の内容

ファンド・マネージャーは広義には証券アナリスト（→P84）に含まれる仕事でもありますが、独立した専門職として活躍できる仕事です。

ファンド・マネージャーは投資信託の運用に携わる専門家で、投資家から集めたお金をひとつの大きな資金にまとめ、株式や債券、不動産投資信託などを組み合わせて投資・運用。成果を上げて運用利益を出し、投資家へ還元するのが仕事です。

資格の取り方

84ページで紹介した「証券アナリス

ト資格」を取得しておくと、就職や転職に有利になるようです。

証券アナリスト試験の令和5年の結果は、1次試験が受験者1万1706名、合格者5627名、2次試験が受験者2548名、合格者1189名でした。

ただし、前述のように必須資格ではありませんから、資格さえあればファンド・マネージャーになれるという保証はありません。リサーチ・アナリスト、ファンド・マネージャーいずれも「会社員」であることには違いがありませんから、自分の希望どおりの職種・地位に就けるとは限らないわけです。

特にファンド・マネージャーは、何百億、何千億という顧客の莫大なお金を運用するために常時利益・実績をあげなければならず、その地位に長く止まるのは相当の実力が必要です。

収入

勤務先の給与規定によります。

問い合わせ先

□ （公社）日本証券アナリスト協会
　東京都中央区日本橋兜町2-1
　Tel.03-3666-1511

ファイナンシャル・プランナー

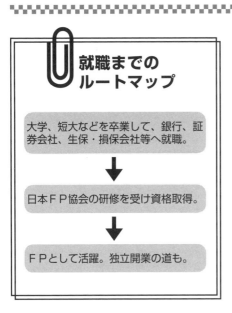

就職までのルートマップ

大学、短大などを卒業して、銀行、証券会社、生保・損保会社等へ就職。

↓

日本FP協会の研修を受け資格取得。

↓

FPとして活躍。独立開業の道も。

仕事の内容

　ファイナンシャル・プランナーは、おもに個人顧客を対象に、その人の人生設計を立てるのにお金の面からアドバイスをする専門家です。

　具体的には、不動産や貯金、株式投資、投資信託などの資産運用、生命保険・損害保険・個人年金などの商品選択、税金対策など、広範囲にわたる資産設計（ファイナンシャル・プランニング）を行います。アドバイスに際しては、収入や資産内容、家族構成などをデータ化し、より有利な方法を探します。

資格の取り方

　民間資格として、日本ファイナンシャル・プランナーズ協会が行うAFP（国内資格）とCFP（米資格認定委員会と提携した上級資格）があります。

　AFP資格認定を受けるには、協会認定のAFP認定研修の修了、指定試験（2級FP技能検定）の合格、協会に資格認定会員として入会することによって授与されます。

　CFPの受験資格には、AFP資格認定者もしくは協会認定の大学院での単位取得が必要になります。

　2級FP技能検定試験は、年3回、5月・9月・1月に行われています。

収入

　勤務先企業の給与規定によります。現状では企業内FPの方が多く、独立開業者は、税理士や社会保険労務士等の他資格もあわせ持った人が多いようです。

問い合わせ先

□ 日本ファイナンシャル・プランナーズ協会
東京都港区虎ノ門4-1-28虎ノ門タワーズオフィス5F
Tel.03-5403-9700

消費者と企業との間を結ぶパイプ役

消費生活アドバイザー

就職までのルートマップ

消費生活アドバイザー試験に合格して資格取得。受験資格に、年齢・性別・学歴の制限はなし。

↓

デパートやスーパー等の小売店や日用品メーカー等へ就職。

仕事の内容

企業内において消費者からの各種苦情相談の受付や処理を中心に、新製品開発への助言、商品テスト、提言、消費者向けパンフレットや商品説明書、各種資料などの作成チェックがおもな役割です。

資格の取り方

一般財団法人日本産業協会が行う認定試験（公的試験制度）に合格して登録されると、経済産業大臣認定証が交付されます。

受験資格に、年齢・性別・学歴の制限はありません。

試験は１次と２次があり、１次試験は毎年10月に、２次試験は12月に行われています。

１次試験の範囲は大項目として、①消費者問題、②消費者のための行政・法律知識、③消費者のための経済知識、④生活基礎知識、に分けられます。以上の科目は、すべて択一式で出題されます。

２次試験は、１次試験合格者に対して論文と面接が実施されます。

また、この試験に合格すると消費生活相談員資格（国家資格）も取得することができます。

消費生活相談員資格は、独立行政法人国民生活センターの試験を受けて取得することも可能です。１次試験はマークシートによる筆記試験および論文、２次試験は面接で施行されています。

収入

各企業の賃金規定によります。また、行政窓口などの消費者関連担当部門における活躍も期待されています。

問い合わせ先

□ （一財）日本産業協会
東京都千代田区内神田2-11-1 島田ビル3階
Tel.03-3256-7731

生命保険営業職員

就職までのルートマップ

各生命保険会社へ入社。

↓

研修受講後、生命保険協会の行う試験に合格して資格取得。

↓

営業の仕事に就く。

💼 仕事の内容

いわゆる「生命保険」の募集人のことですが、近年は単に保険契約をとるというだけでなく、生活設計や定年対策などに合わせて将来における経済生活の相談相手になるという側面も持っています。

女性が9割以上も占める職種で、新卒でこの仕事に就く人、転職でこの仕事を選ぶ人、長年勤めるベテランまでさまざまな人が働いています。

生命保険会社はさまざまな新商品を開発しています。そのため複雑な保険の仕組みを理解する能力とそれをわかりやすく説明できる能力が必要です。

📖 資格の取り方

生命保険営業職員は保険会社に入社後、研修を受けてから一般社団法人生命保険協会が実施する試験を受験。合格後、募集人として内閣総理大臣に申請し、登録されてから実際の仕事に就きます。

🐷 収入

生保各社とも営業職員は歩合制をとっており、これは昔も今も変わりません。ただし、以前と比較して入社初期の保障給制度の充実で収入面でも安定し、営業職員の定着率が増してきました。

基本的には、固定給＋営業成績による歩合ですが、固定給の部分は各社によってかなりの違いがあります。努力の差や経験年数の違いにより、月収20〜50万円という差が出てきます。

いずれにしろ努力が実力を養い、それが収入の差となって現れてくる、きびしいだけにやりがいのある世界でしょう。

📞 問い合わせ先

□ （一社）生命保険協会
東京都千代田区丸の内3-4-1　新国際ビル
Tel.03-3286-2624

No.5

サービス

Service Industry

通訳ガイド●エステティシャン●ベビーシッター●トリマー●ソムリエ●通訳・同時通訳●
栄養士・管理栄養士●ふぐ調理師●製菓衛生師（製菓技術者）●理容師●美容師●調理師●
カウンセラー●アロマセラピスト●カラリスト●フードコーディネーター●
イベントコンパニオン●レセプションコンパニオン（パーティーコンパニオン）●
ブライダルコーディネーター●DIYアドバイザー●シューフィッター●探偵・調査員●占い師●
音楽療法士●ペットシッター●動物看護師●ドッグトレーナー（犬訓練士）●獣医師

通訳ガイド

就職までのルートマップ

大学、短大、専門学校などで外国語を学ぶ。

↓

全国通訳案内士国家試験を受験して合格した後、都道府県知事に免許登録。

↓

旅行会社等に就職あるいは旅行会社等と契約する。フリーで活躍する人も。

💼 仕事の内容

　外国人観光客につきそい、外国語を用いて旅行に関する案内やサービスを行うのが通訳ガイドの仕事です。

　ガイドとなる人は、語学、教養、人柄などが重要視されています。言葉がわからない外国人観光客にとって、まったく異なった文化、風俗、習慣の見知らぬ土地で頼りになるのはガイドだけですから、その役目は重要。外国人観光客はガイドを通じて日本を知り、日本の印象はガイドによって決まるともいえます。

🈟 資格の取り方

　平成30年の通訳案内士法改正により、通訳ガイド制度が大きく変わりました。国家資格であった通訳案内士の名称は「全国通訳案内士」に変更。さらに、これまでは特例法に基づいて導入されていた各地域特例ガイドは、新たに「地域通訳案内士」と名付けられました。

　また今回の改正で、国家資格を持たない人であっても有償で通訳案内業務が行えるようになりました。ただし、資格を持たない人は「通訳案内士」や「全国通訳案内士」などの名称を使うことはできません（名称独占規制）。

【全国通訳案内士試験】

全国通訳案内士試験に合格後、都道府県知事に免許登録をして取得。受験資格に年齢、性別、学歴などの制限はありません。

試験がおこなわれる外国語は英語、フランス語、スペイン語、ドイツ語、中国語、イタリア語、ポルトガル語、ロシア語、韓国語、タイ語の10種類。

試験科目は、1次試験が筆記試験で言語を1つ選択。また日本地理、日本歴史、産業・経済・政治・文化についての一般常識、通訳案内の実務があります。2次試験は口述試験で、1次試験で選択した外国語の会話および人物考査。

試験は年1回実施。資格取得後、5年ごとに登録研修機関研修の受講が義務づけられています。

2022年の試験結果を見ると、最も受験者の多い英語は、2594名の受験者に対し最終合格者が452名で、合格率は17.4％。フランス語：受験者162名、合格者12名、合格率7.4％。スペイン語：受験者99名、合格者16名、合格率16.2％。ドイツ語：受験者44名、合格者11名、合格率25.0％。中国語：受験者320名、合格者38名、合格率11.9％。イタリア語：受験者71名、合格者12名、合格率16.9％。ポルトガル語：受験者32名、合格者6名、合格率18.8％。ロシア語：受験者42名、合格者5名、合格率11.9％。韓国語：受験者87名、合格者19名、合格率21.8％。タイ語：受験者21名、合格者0名、合格率0.0％。

全体では3472名の受験者に対し合格者は571名、合格率は16.4％と難関です。

地域通訳案内士になるには、地域通訳案内士制度を導入している地域の各自治体が行う研修を受講。地域通訳案内士として登録を受けることで就けます。

通訳案内士は旅行客の多い大都市部に偏在しており、地方部での人員不足が課題となっていました。外国人旅行客のさまざまなニーズに応えるため、特定地域の固有の歴史・地理・文化等の情報に精通する地方通訳案内士の育成体制を整え、現在約40地域で導入されています。募集時期、方法等が各地域によって異なります。

収入

通訳ガイド料は、経験年数・信用・就業実績などを考慮されるので、さまざまです。また、案内する旅行客の数によっても異なりますので、一概にはいえませんが、4〜8時間で1万5000〜4万5000円くらいです。

通訳ガイドとしての仕事の他に、日本人の海外旅行の添乗員などをして収入を得る人もいます。

問い合わせ先

□ 全国通訳案内士試験事務局
　千葉県柏市根戸206-30　北柏ビル2F
　Tel.04-7131-6200

□ 日本政府観光局（JNTO）
　東京都新宿区四谷1-6-4
　四谷クルーセ3・4F
　Tel.03-5369-3342

□ 観光庁国際観光課
　東京都千代田区霞が関2-1-2
　Tel.03-5253-8111

全身美容のスペシャリスト

エステティシャン

**就職までの
ルートマップ**

高校卒業後、エステティシャン養成校
や美容師学校等で勉強する。

↓

エステティックサロン、美容院、化粧
品販売店等に勤務。

↓

経験を積んで実力をつければ、独立開
業の道も。

仕事の内容

エステティシャンはエステティックサ
ロンなどで美顔、素肌美づくりを中心に、
脱毛、 プロポーションづくり、メイク、
ネイルケアなどを取り入れ、全身に美容
技術を施します。

また、カウンセリングによる心理的療
法、エアロビクスと結びつけた運動的手
法、さらには本格的な栄養管理を導入し
た方法なども試みられ、美容のための手
法も幅広くなっています。

エステティシャンは、単に素肌と均整

のとれた美しい体を守るだけの技術者で
はなく、広範囲な知識と技術、教養を身
につけた女性美のスペシャリストといえ
ます。

資格の取り方

エステティシャンの国家資格はなく、
それぞれの団体が認定資格を設けて、独
自の方針で技術者を認定しているのが現
状です。

したがってエステティシャンになるに
は養成校に入学して、総合的なエステに
関する勉強をし、技術を身につけるのが
一般的といえます。

学校選びの際は、一般社団法人日本エ
ステティック業協会または一般社団法人
日本エステティック協会の認定校かを確
認するとよいでしょう。

収入

就職先によってさまざまですが、初任
給で16万円から18万円です。

問い合わせ先

□ (一社)日本エステティック協会
　東京都千代田区一番町25　JCⅡビル3F
　Tel.03-3234-8496
その他、各養成校など。

人生経験の豊富な中・高年層に向く

ベビーシッター

就職までのルートマップ

短大や専門学校等で保育士、幼稚園教諭、看護師等の資格を取得。

↓

ベビーシッター会社へ就職。雇用形態はさまざまで、パートや契約社員のことが多い。

仕事の内容

不在中の親に代わって、子どもの世話をするために臨時に雇われるのが、ベビーシッターです。

勤務の形態はパートタイム方式が一般的で、時間給ですが、3～4時間程度の短いものから、宿泊する場合や数日間の契約を結ぶ場合までさまざまです。中・高年の女性が長年の経験と実績を生かして活躍しています。

資格の取り方

基本的に必要な資格などはありませんが、保育士や幼稚園教諭を取得していれば有利でしょう。また子育ての経験者や

夜間の仕事が可能な人、語学が堪能な人は時給に反映されます。

ベビーシッターは単なる子守と違い、正しいしつけや指導が出来る能力が要求されます。また、いつどのような不測の事態が発生しても迅速かつ冷静に対応できる判断力も問われます。

本人が子ども好きであるのは当然ですが、子どもや親から信頼されるような優れた人格の持ち主でなければなりません。

ベビーシッター紹介所では簡単な面接試験をして、人物と語学力をみますが、ある程度の保健、衛生の知識も必要だとされています。また紹介所は登録制をとっていますから、登録されれば需要に応じて照会があります。

収入

現在、公益社団法人全国保育サービス協会に加入している紹介所や人材派遣会社は、約100社あります。一般には紹介所や派遣会社に登録して、依頼に応じて仕事をします。収入は時給で1000～1800円といったところです。

問い合わせ先

各ベビーシッター紹介所、および人材派遣会社。

犬好きにはたまらない、犬の美容師

トリマー

就職までの
ルートマップ

高校卒業後、トリマー養成の専門学校
等へ進学して技術を身につける。

↓

卒業後、ペットショップや動物病院等
へ就職。

🧳 仕事の内容

　トリマーとは犬の美容師のこと。シャンプー、カットをはじめ、ネイルクリッパー、耳そうじなどをします。

　手慣れた犬あつかいができることや、シャンプーのときは犬もかなり疲労しますので、事前に犬の健康状態が分かるくらいの知識も必要とされます。

📖 資格の取り方

　トリマーにはまだ統一された国家資格がありません。現在ある資格は、各学校が独自で出している修了資格（民間資格）になります。ですから、資格がなくてもトリマーとして働くことは可能です。しかし、トリマーとして働く人のほとんど

は、専門学校や養成スクールなどで必要な知識や技術を学び、修了資格を習得した人たちです。

　専門学校や養成スクールでは、卒業後の就職先の紹介などもありますから、学校に通いトリマーの資格を取った方が就職や転職の際に有利だといえます。

　学校卒業後も１年くらいは見習いとして働き、３～５年の間に力をつけて一人前になっていくようです。

収入

　ペットショップや動物病院など、勤務先の規定によってさまざまです。初任給は16万円前後。経験と実績を積んでから、独立開業する人もいます。

📍 問い合わせ先

☐ スカイ総合ペット専門学校
　千葉県我孫子市台田4-1-41
　Tel.04-7197-7333

☐ 自由ヶ丘アカデミア
　神奈川県川崎市中原区上丸子山王町2-1208-2
　Tel.044-272-1688

☐ 東京愛犬専門学校
　東京都中野区上高田1-1-1
　Tel.03-3366-2322

ワインの世界を華麗に演出

ソムリエ

就職までのルートマップ

レストランやホテルなどに就職して、実務経験を積む。

↓

資格がなければ仕事ができないことはないが、一般社団法人日本ソムリエ協会の認定する資格は権威がある。

仕事の内容

ソムリエはフランス語で、レストランやホテルでワインをサービスする専門のスタッフのことです。料理に合わせたワインの選択、またゲストの要望に応えたワイン選びとサービス、仕入れや品質の管理、在庫の管理などをワインの専門家として行います。

資格の取り方

特に資格は必要とされませんが、一般社団法人日本ソムリエ協会では呼称資格認定試験を行っており、ソムリエ呼称にタイトル（ソムリエ、ソムリエ・エクセレンス）を与えています。

ソムリエの呼称資格認定試験は、第一次試験から第三次試験まであります。第一次試験は筆記、第二次試験はテイスティング、第三次試験は論述（第二次試験日に実施）とサービス実技が行われます。

受験資格は、①アルコール飲料を提供する飲食サービス、②ワイン・酒類飲料の仕入れ、管理、輸出入、流通、販売、教育機関講師、酒類製造、③アルコール飲料を取り扱うコンサルタント業務などの職務を通算3年以上（協会会員は会員歴が2年以上で職務を通算2年以上）経験し、第一次試験日においても従事している者。

また、愛好家をおもな対象とした受験資格不問のワインエキスパートの資格試験もあります。

収入

ホテルやレストランなどで働く場合は、他の従業員と同程度で、ホテルですと初任給は16万円ほどです。

問い合わせ先

□（一社）日本ソムリエ協会
東京都千代田区神田東松下町17-3-2F
Tel.03-3256-2020

通訳・同時通訳

就職までの
ルートマップ

専門学校などで通訳専門の教育を受けて語学力を磨く。

通訳派遣会社等へ所属。

仕事の内容

　一般に通訳というのは、言語の異なる人同士が互いの言葉を理解できない、または話せないときに、その間に立って、互いの言葉を口頭で翻訳する仕事です。

　通訳の仕事には2つあり、発言者の発言のあいまをぬいながら翻訳する、いわゆる通訳（逐次通訳）というものと、発言者の発言を中断せずに翻訳の同時進行を行う、高度な同時通訳という仕事とがあります。

　日本ではさまざまな国際会議が開かれるようになり、またいろいろな目的で国際交流が盛んになってきています。このような国際化の時代において、通訳・同時通訳の需要が高まる一方、異文化間のコミュニケーターとしての活躍も期待されています。

　そのためには通訳としての基礎的技術や素養はもちろんのこと、総合的語学力および国際的な幅広い知識を身につけることが必要です。

　年齢に関係なく活躍できる仕事なので、女性に人気の職業。実際に活躍する通訳の9割近くは、女性といわれてます。

資格の取り方

　英会話がうまくできても、通訳と会話

とは根本的に違いますので、各専門学校や大学、通訳者養成学校などで、通訳・同時通訳の実力を養うことが必要です。

通訳者の養成を行う学校には、次のようなものがあります。

◎アイ・エス・エス・インスティテュート

日本で最初の同時通訳者養成学校。通訳者・翻訳者の養成、通訳・翻訳サービス、国際会議運営、人材派遣・人材紹介、法人語学研修など、語学プロフェッショナルサービスをおこなう。中国語の通訳者コースあり。

◎NHKグローバルメディアサービス国際研修室

NHKの報道・国際部門をサポートする関連会社、NHK情報ネットワークの一部門。放送関連の通訳養成で実績を誇る。

◎サイマル・アカデミー

会議通訳者養成でしられる、伝統ある通訳学校。グループ企業への登録を通じて、在校生、卒業生の仕事をサポートする。

◎インタースクール

会議通訳コース、ビジネス通訳コースなどを開講。株式会社インターグループが在校生、卒業生の仕事をサポートする。

 ## 収入

通訳として働く形態には、通訳派遣会社の社員、フリー、専属の3つがあります。最初からフリーで働くのはむずかしいので、会社やベテラン通訳の元で経験を積むのが一般的です。

フリーですと、実力と経験によって異なりますが、はじめは日給2万円前後、経験が10年以上の実力者は2時間で5万円くらいです。月収にすると、5〜6年のキャリアで約60万円位です。

フリーの場合は、いつも仕事が入ってくるという保証がなく、収入額にかなりのばらつきがあります。

問い合わせ先

各養成校へ。

! ビジネス通訳検定（TOBIS）

通訳者が企業（団体）内で活躍するために必要な、「通訳スキル」と「ビジネス知識」を判定するビジネス通訳検定（TOBIS）。逐次通訳試験と同時通訳試験の2つの試験からなり、試験の成績に応じて1〜4級を判定します。

逐次通訳試験は2〜4級判定試験になり、逐次通訳試験（英→日、日→英）を実施。1級判定試験は、過去2年以内の2級取得者を対象に英語を日本語に通訳する同時通訳試験を実施します。

問い合わせ先
通訳技能向上センター
東京都中央区銀座7-16-12
G-7ビルディング
Tel.03-5565-1289

健康管理を食生活から指導する

栄養士・管理栄養士

就職までのルートマップ

大学、短大、専門学校等の指定養成施設を卒業し栄養士資格を取得。

↓

保健所、学校、病院、工場、事業所等に就職。

↓

所定期間の実務経験（2年制専門学校は3年以上等）を積んで、管理栄養士国家試験に合格する。

↓

管理栄養士として働く。

仕事の内容

　西欧料理の普及、外食産業の発展によって日本人の食生活は、以前と比べて大きくさま変わりしました。栄養面において適正な管理・指導を行う栄養士の活躍の場は広まってきています。

　栄養士は保健所、行政機関、学校、病院、工場、事業所などの給食施設において、食生活相談を行ったり、栄養改善の指導と献立作成、給食の実施などを行うのがおもな仕事です。

　また、集団給食の実際面のみならず、企業の厚生部署では従業員の健康管理の一環として栄養相談を行ったり、病院においては治療食の献立作成や調理指導から、さらには患者に直接的な栄養指導を行うようにもなってきています。

　国家資格には、栄養士とその上級資格である管理栄養士の2種類があります。

資格の取り方

●栄養士…厚生労働大臣が指定する栄養士養成施設で所定の課程を修了すると、卒業と同時に資格が取得できます。

　栄養士養成施設としては、大学、短大、専門学校などがありますが、どの養成施設でも取得できる資格は同じです。

●管理栄養士…管理栄養士国家試験に合

格すると資格が取得できます。

　管理栄養士国家試験の受験資格は、
①2年制の栄養士養成施設を卒業後、実務経験3年以上。
②3年制の栄養士養成施設を卒業後、実務経験2年以上。
③4年制の栄養士養成施設を卒業後、実務経験1年以上。
などです。

　また、4年制の管理栄養士養成施設を卒業すれば、卒業と同時に国家試験の受験資格が得られます。

 ## 収入

　2年制短大卒栄養士の場合、初任給は15～17万円となっています。

 ### 問い合わせ先

□ 厚生労働省健康局健康課栄養指導室
　東京都千代田区霞が関1-2-2
　Tel.03-5253-1111
または、各都道府県衛生部栄養課へ。

　養成機関については、
□ （一社）全国栄養士養成施設協会
　東京都港区西新橋2-11-6-9F
　Tel.03-6273-3877

　（養成校）
□ 服部栄養専門学校
　東京都渋谷区千駄ヶ谷5-25-4
　Tel.0120-69-8101

□ 東京栄養専門学校
　東京都新宿区西新宿6-11-11
　Tel.03-3342-3661
他、各養成校へ。

 ## ふぐ調理師

　体内に猛毒を持つ「ふぐ」を調理するのには、特別な技術が必要です。

　ふぐによる食中毒を防ぐため、都道府県によっては飲食店などでふぐを調理して提供するために資格を取得していなければならない、という条例を制定しています。ふぐに関する条例は各都道府県で規定されています。

　東京都の免許取得試験の場合、受験資格に年齢や経験などの制限はありません。試験は年1回8月に行われ、学科試験（東京都ふぐの取扱い規制条例及び同条例施行規則に関すること・ふぐに関する一般知識・水産食品の衛生に関する知識）と実技試験（種類鑑別試験・除毒処理試験）が行われます。

　東京都内でふぐを取り扱う場合、この試験に合格した者でなければなりません。

　ふぐ調理師の呼び方は都道府県によってさまざまで、東京都はふぐ取扱責任者、大阪府ではふぐ処理登録者、その他の地方ではふぐ処理師、ふぐ取扱登録者、ふぐ包丁師、ふぐ調理者などとも呼ばれています。

　なお、受験資格・試験内容等については各県によって異なります。
問い合わせ先／各県の衛生課。

製菓衛生師（製菓技術者）

就職までの ルートマップ

菓子メーカーや洋菓子店、和菓子店等に勤務して技術を身につける。

製菓衛生師試験に合格して資格を取得する。受験資格は実務経験2年以上（指定養成施設卒業者は経験不要）。

実力がつけば菓子店の独立自営も。

仕事の内容

　菓子店や菓子メーカーなどで、お菓子作りに従事します。

　食品衛生の問題が注目されはじめてから、菓子製造に際しても、従来の経験や勘に頼る職人的技法だけでは、発達のめざましい食品科学技術に対応しきれなくなってきました。このことをふまえて、食品衛生知識の普及を目的に製菓衛生師法が制定。現在では和・洋菓子店、製パン店はもとより、製菓メーカーをはじめ、ホテル、レストランなどの製菓技術者が、製菓衛生師の資格を取得するようになっています。

　菓子製造人はパティシエとも呼ばれ、女性の進出がめざましい職業です。

資格の取り方

　資格がなくても仕事はできますが、持っている方が就職・開業などで有利になります。また、資格がないと「製菓衛生師」の名称を用いることはできません。

　製菓衛生師は国家資格で、取得するためには各都道府県で行われる認定試験に合格しなければなりません。

　受験資格は、

①中学卒業者、またはこれと同等以上の学力を有する者で、厚生労働大臣の指定

する製菓衛生師養成施設で１年以上、製菓衛生師として必要な知識や技能を修得した者

②中学卒業者、またはこれと同等以上の学力があると認められた者で、２年以上製菓業に従事した者

などです。

試験は、年１回６月頃（県によって異なります）に、衛生法規、公衆衛生学、栄養学、食品学、食品衛生学、製菓理論の筆記試験と製菓実技（和菓子·洋菓子·製パンから１分野を選択）が行われます。

収入

メーカーや専門店によって異なりますが、初任給は17万円前後です。

問い合わせ先

〈製菓衛生師養成施設〉

□ 東京製菓学校
東京都新宿区高田馬場1-14-1
Tel.03-3200-7171

□ 東京栄養食糧専門学校
東京都世田谷区池尻2-23-11
Tel.03-3424-9113

□ 国際製菓専門学校
東京都立川市曙町1-32-1
Tel.042-540-8181

□ 香川調理製菓専門学校
東京都豊島区駒込3-24-3
Tel.0120-760-593

その他、学校については、各都道府県の衛生主管課へ。

洋菓子製造技能士・和菓子製造技能士

技能士とは、国によって知識・技能が評価・認定され、その職業について一定水準の技能の持ち主であることが認められた技能者を指す称号です。

技能士の資格を取得するには、国から委託されている職業能力開発協会の行う技能検定に合格しなければなりません。

技能検定は働く人々の有する技能を一定の基準により検定し、国として証明する技能の検定制度で、技能に対する社会一般の評価を高め、働く人々の技能と地位の向上を図ることを目的として実施されています。

技能検定には約130の職種がありますが、その中に「洋菓子製造作業１級・２級」「和菓子製造作業１級・２級」という種目があります。

学科試験では食品一般、菓子一般、関係法規、安全衛生、菓子製造法が、実技試験では材料の選定、生地の調整、成形加工、熱加工、仕上げ、製品検査、デザイン、積算および見積もりなどが課されます。

受験するには学歴等に応じた実務経験が必要です。

問い合わせ先／中央職業能力開発協会および各都道府県職業能力開発協会。

理容師

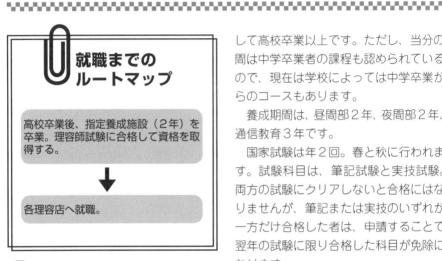

就職までのルートマップ

高校卒業後、指定養成施設（2年）を卒業。理容師試験に合格して資格を取得する。

↓

各理容店へ就職。

仕事の内容

理容師の仕事は、おもに男性の髪型、容姿を整えることで、カット、パーマ、シャンプー、顔そりなどを行います。

現在は、男性の美容師、女性の理容師も多く、単なる整髪業務から総合理容業へと転換していく傾向にあります。

これからの理容師には、基本的な整髪技術に加え、流行にも対応できるセンスが求められるでしょう。

資格の取り方

厚生労働大臣指定の養成施設で所定の科目を修了して、理容師試験に合格することが必要です。

理容師養成施設の入学資格は、原則として高校卒業以上です。ただし、当分の間は中学卒業者の課程も認められているので、現在は学校によっては中学卒業からのコースもあります。

養成期間は、昼間部2年、夜間部2年、通信教育3年です。

国家試験は年2回。春と秋に行われます。試験科目は、筆記試験と実技試験。両方の試験にクリアしないと合格にはなりませんが、筆記または実技のいずれか一方だけ合格した者は、申請することで翌年の試験に限り合格した科目が免除になります。

収入

勤務先の理容店の事業規模などにより多少の差はありますが、経験2～3年の中習者で約18万円といったところが平均的収入です。

問い合わせ先

□ 各都道府県衛生局環境衛生課

□ （公社）日本理容美容教育センター
　東京都渋谷区代々木3-46-18
　Tel.03-3370-3311

□ （公財）理容師美容師試験研修センター
　東京都渋谷区笹塚2-1-6 JMFビル笹塚01
　Tel.03-5579-6875

センスを磨きトータル美の演出家に

美容師

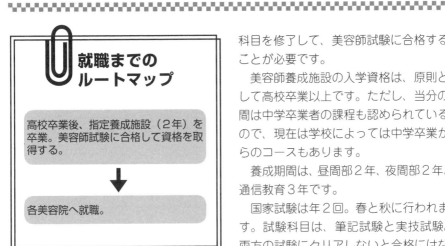

就職までのルートマップ

高校卒業後、指定養成施設（2年）を卒業。美容師試験に合格して資格を取得する。

↓

各美容院へ就職。

仕事の内容

美容師の仕事は、ヘアカット、パーマ、シャンプー、ヘアカラー、スタイリングをはじめ、冠婚葬祭などに着物の着つけを行い、髪を結ったりもします。

実務9時間の他、それぞれの店で研修会があり、接客と立ち通しの毎日で、精神的にも肉体的にもタフでなければなりません。

競争の激しい世界であり、人気美容師の引き抜きなど、従業員の移動率の高い業種です。ハードである分、やりがいのある仕事だといえるでしょう。

資格の取り方

厚生労働大臣指定の養成施設で所定の科目を修了して、美容師試験に合格することが必要です。

美容師養成施設の入学資格は、原則として高校卒業以上です。ただし、当分の間は中学卒業者の課程も認められているので、現在は学校によっては中学卒業からのコースもあります。

養成期間は、昼間部2年、夜間部2年、通信教育3年です。

国家試験は年2回。春と秋に行われます。試験科目は、筆記試験と実技試験。両方の試験にクリアしないと合格にはなりませんが、筆記または実技のいずれか一方だけ合格した者は、申請することで翌年の試験に限り合格した科目が免除になります。

収入

インターンで15万円前後、免許取得後2～3年の中習者で約20万円といったところが平均的収入です。

問い合わせ先

☐ 各都道府県衛生局環境衛生課

☐ （公財）理容師美容師試験研修センター
東京都渋谷区笹塚2-1-6 JMFビル笹塚01
Tel.03-5579-6875

103

調理師

料理好きでサービス精神に富んだ人向き

就職までのルートマップ

調理師養成の専門学校等を卒業。指定養成施設を卒業すれば、資格が取得できる。

↓

レストランや料亭等の飲食店、ホテル等へ就職。

仕事の内容

料理店やレストラン、学校、会社、病院などで料理を作るのが調理師の仕事です。また、食材の仕入れ、衛生面の管理など、調理に関するさまざまな仕事も行っています。

食生活が豊かになり家庭料理の種類も増えていますから、調理のプロである調理師は幅広い知識と技術を身につけ、栄養面を考えながら斬新なアイデア料理の創作などが求められます。

資格の取り方

厚生労働大臣が指定する調理師養成施設（調理師学校などを指す）で1年以上

の期間、調理、栄養、衛生などの知識の技術を修めて卒業すれば、国家試験が免除され、資格が与えられます。

この養成施設を利用せずに資格を取るには、各都道府県の実施する国家試験に合格することが必要です。受験資格は、中学卒業以上で、調理業務の経験が2年以上。試験科目は、食文化概論、公衆衛生学、栄養学、食品学、食品衛生学、調理理論の6科目です。

調理師の免許がなくても料理の仕事に就くことはできますが、「調理師」を名乗ることのできるのは調理師国家試験に合格した人のみです。

収入

一般に、病院や学校などの施設や飲食店などに勤務した場合、初任給15万円程度です。

問い合わせ先

☐ 服部栄養専門学校
　東京都渋谷区千駄ヶ谷5-25-4
　Tel.0120-69-8101

☐ 東京調理製菓専門学校
　東京都新宿区西新宿7-11-11
　Tel.03-3363-9181

その他、各都道府県庁の調理師試験担当課。

心理学を駆使して心のケアにあたる

カウンセラー

就職までのルートマップ

大学および大学院で心理学を専攻し、卒業する。同時にカウンセラー養成講座を受けたり、臨床心理士・産業カウンセラー等の資格を取ったりする。

↓

公務員試験を受けて児童相談所の心理判定員になる、産業カウンセラーとして企業に勤める、開業カウンセラー事務所に就職する等。

仕事の内容

欧米では開業カウンセラーの数が多く、悩みや心配事などがあればプロのカウンセラーに相談する習慣が文化として根づいています。一方、日本にはまだその習慣が根づいておらず、その結果、日本ではカウンセラーという言葉が極めて広い意味合いで使われています。

病院の精神科で心理療法を行う医学的なものから、流行の「癒し」系である「○○セラピスト」なども総じて「カウンセリング」と称されています。

心理療法を駆使して人の心の問題に取り組みたいのであれば、大学で心理学を専攻し、最低でも大学院の修士課程を修了することが必要です。

開業カウンセラーとして一般の人の悩み相談を受けたいのであれば、カウンセラー養成スクールなどで学ぶ方法があります。その場合でも2年〜3年くらいは専門の勉強が必要で、半年や1年で修了できる講座などはほとんど役に立たないといってよいでしょう。

資格の取り方

国家資格はありませんが、現在最も権威があるとされているのは「臨床心理士」で、公益財団法人日本臨床心理士資格認定協会が試験を行っています。受験資格は、大学院で心理学を専攻した臨床経験のある者、などの条件があります。

収入

児童相談所の心理判定員は自治体の、産業カウンセラーの場合は企業の給与規定によります。

問い合わせ先

臨床心理士については
☐ (公財)日本臨床心理士資格認定協会
　東京都文京区湯島1-10-5
　湯島D&Aビル3F
　Tel.03-3817-0020

植物の香りを使って心と体を癒す

アロマセラピスト

就職までのルートマップ

各種の養成講座を受けて、基礎的な勉強をする。

↓

アロマサロン等に勤めてさらに知識・技術を高める。実力がつけば、スクールの講師やサロン開業の道も。

仕事の内容

アロマとは「香り・芳香」でセラピーとは「治療」を意味します。アロマセラピストは、ハーブ植物から抽出した精油（エセンシャルオイル）を使い、疲れた体や心をリラックスさせ、より健康な生活ができるように働きかけます。

アロマテラピストと呼ぶこともありますが、これはtherapyが英語読みだとセラピー、フランス語読みだとテラピーになる違いです。

アロマセラピーの方法にはさまざまなものがありますが、その原理は、香りをかぐことによる心理的なリラックス効果、精油の成分を体に吸収させることに

よる血行促進などの生理的な効果の２つがあると考えられています。具体的には、精油を温めて香りを鼻でかぐ、精油を使ったオイルマッサージ、精油を使った足浴などの方法があります。

資格の取り方

国家資格・公的な資格はありませんから、資格がなくても仕事に就くことはできます。ただ、複数の関連団体が独自に民間資格を発行しており、それらを取得するとその団体の会員サロンやスクールでの就職には有利になるようです。主要な団体としては、日本アロマコーディネーター協会、公益社団法人日本アロマ環境協会などがあります。

アロマセラピーを日本に紹介した草分け的な出版社のフレグランスジャーナル社から、各種のアロマに関する本が発行されています。

問い合わせ先

□ 日本アロマコーディネーター協会
　東京都豊島区南池袋1-25-9 今井ビル5F
　Tel.03-5928-3100

□ （公社）日本アロマ環境協会
　東京都渋谷区神宮前6-34-24 AEAJグリーンテラス
　Tel.03-6384-2861

色彩の専門知識をさまざまな分野に活かす

カラリスト

就職までの ルートマップ

大学や短大、専門学校等を卒業して、企業の商品開発部門、アパレルメーカーの企画部門、百貨店等流通業界の企画部門等へ就職。

↓

カラリスト養成の講座などを受講し、検定試験に合格する。

↓

専門知識を仕事に活かす。

仕事の内容

　色彩に関する専門知識を持ち、それをいろいろな分野に応用する専門職をカラリスト(またはカラーコーディネーター)と呼びます。

　カラリストの専門知識は応用範囲が広く、インテリア・建築・服飾・美容・製品開発・マーケティング・都市計画・フラワーアレンジメントなどさまざまな場面で活用できます。

　現状では、デザイナーや商品開発担当者、インテリアコーディネーター、ヘアデザイナー等の専門職についている人がカラリストの仕事を兼任する場合が多いようです。

　実力・人脈などを持った人の中には、カラリストとして独立開業している人もいます。その場合、企業向けに商品広告やディスプレイなどのアドバイスを行ったり、社員研修の講師をしたり、あるいは個人向けにパーソナルカラーのアドバイスをしたりします。ただし、カラリストがあまり一般に知られていないこともあって、開業カラリストに対する需要は決して多いとはいえません。

証 資格の取り方

　公益社団法人色彩検定協会の色彩検定と東京商工会議所のカラーコーディネーター検定の2つがあります。

問い合わせ先

☐ (公社)色彩検定協会
　東京都港区港南2-16-4
　品川グランドセントラルタワー6F
　Tel.03-6397-0203

☐ 東京商工会議所検定センター
　Tel.050-3150-8559

107

フードコーディネーター

就職までのルートマップ

①大学・専門学校等を卒業して、食品メーカーや外食産業等に就職し、企画開発・商品開発部門で仕事をする。

または

②フードコーディネーター養成校で学び、独立コーディネーターのアシスタントになったり料理教室の助手を勤める。実力次第でフリーの道も。

仕事の内容

フードコーディネーターはとても幅広い分野で活躍しています。

食品メーカーや外食産業では、マーケティングや商品開発、営業・販売企画立案、メニュー開発、レストランのプロデュース等に携わります。マスコミ分野では、雑誌記事や単行本の企画・執筆、テレビ番組の企画・取材、料理撮影の全般にわたるプロデュース等があげられます。その他、食生活のコンサルタント業務やケータリングサービス、スーパー・百貨店で顧客に献立や食材・調理法等の情報提供をする仕事などもあります。

商品開発などの仕事の場合にはほとんどが企業に所属し、他の業務と兼任することが多いようです。

一方独立フードコーディネーターは、雑誌やテレビでの料理撮影で食器やテーブル回りの手配や調理、盛りつけを行ったり、原稿を執筆したりという仕事をします。

独立フードコーディネーターになるには、専門の養成コースで学び、料理教室の助手や講師として勤めたり、コーディネーターのアシスタントとして働き、実力をつけてからフリーになるルートがあります。ただし、独立には相当の知識や経験、人脈等に加え、体力、営業センスも必要とされ、食の知識以外にもさまざまなことが求められます。

資格の取り方

日本フードコーディネーター協会が検定試験（1〜3級）を行っています。また協会の認定校で履修したひとは、資格認定試験が免除になり、認定登録により3級認定資格が得られます。

問い合わせ先

□ 日本フードコーディネーター協会
東京都中央区銀座1-15-6 銀座東洋ビル2F
Tel.03-6228-7651

容姿と明るさ、体力が必要

イベントコンパニオン

就職までのルートマップ

コンパニオン派遣事務所に応募して、登録をする。

↓

依頼があるごとにオーディションを受け、合格して仕事に就く。

仕事の内容

モーターショーなどの展示会、イベントで製品の説明をしたり、カタログ・パンフの配付をしたり、会場の華やかさを盛り上げるのがイベントコンパニオンの仕事です。

また、街頭などで拡販チラシなどを配る場合はキャンペーンガールと呼ばれることが多く、製品の詳細を説明するナレーターコンパニオン、パソコン操作などを実演するオペレーションコンパニオンなどもあります。レースクイーンの仕事をするコンパニオンもいます。

コンパニオンになるには、通常派遣事務所への登録が必要です。コンパニオンをしている友人に事務所を紹介してもらうのがいちばんの近道ですが、派遣事務所の求人をアルバイト情報誌やインターネットの求人で探す方法もあります。

事務所に登録したからといって常時仕事があるわけではありません。仕事の依頼が事務所に来て、写真・履歴などで選抜され、クライアントの行う面接やオーディションなどに合格して初めて仕事ができます。

採用が決まると、仕事によっては短期間の研修を受けたり、ナレーション原稿を暗記したり、衣装合わせをしたり、リハーサルを行ったりという準備があります。

資格の取り方

資格は必要ありませんが、ある程度の容姿と立ち仕事が多いので体力も必要です。

収入

基本的に日給制で、キャリアや能力により1万円から2万円くらいです。準備期間や待機時間などを考慮すると、それほど高給ではありません。

問い合わせ先

人材派遣会社等へ。

109

レセプションコンパニオン（パーティーコンパニオン）

就職までのルートマップ

人材派遣会社やバンケットサービス会社に登録し、定期的にマナー研修などを受ける。

↓

仕事の依頼があれば、その都度選抜される。

 ## 仕事の内容

レセプションとは歓迎会の意味で、国際会議の懇親会や企業や団体が主催する各種パーティー、結婚式の披露宴などで来客の接待をする人を、レセプションコンパニオンやパーティーコンパニオンといいます。

コンパニオンは、飲み物や食事の給仕をしたり、会場の案内、受付など来客の便宜を図る仕事をします。パーティーの規模や種類によってコスチュームも変わり、落ち着いたロングドレスのこともあれば和服のこともあり、スーツやブレザーを着ることもあります。

格式のあるパーティーでは外国の要人や大企業の役員、政治家などが客になることも多く、しっかりしたマナーを身につけきちんとした会話ができることが求められます。そのため、ほとんどの場合は採用された後、定期的にマナーや会話、接待、メイク、着物の着付けなどの研修を受けることが義務づけられます。

資格の取り方

資格は必要ありません。ただし、ある程度の容姿や身長、それに年齢制限があります。年齢は、パーティーの種類にもよりますが、だいたい30歳くらいが上限のようです。

また、国際的なレセプション会場で来客の応対をする仕事で、外国人の応対をするレセプション通訳やコンパニオン通訳などの仕事もありますが、その場合は、英検やTOEIC、通訳案内業等の資格が要求されるようです。

収入

登録会社によって日給制・月給制の違いがありますが、一般事務職よりは高水準です。

 ## 問い合わせ先

人材派遣会社等へ。

結婚式を華やかに演出するプロデューサー

ブライダルコーディネーター

就職までのルートマップ

専門学校、高校、大学などを卒業する。
ブライダルコーディネーター養成講座
を受講する方法もある。

↓

結婚式場、ホテル、セレモニー会館、
結婚プロデュース会社等へ就職。

仕事の内容

結婚式と披露宴など結婚にかかわるすべての行事をプロデュースするのがブライダルコーディネーターです。

会場の選択、ウエディングドレス、引き出物、結婚指輪、案内状送付、式・披露宴の企画・演出、料理、写真撮影など結婚式には決めなければならないことが無数にあります。それらを、結婚する二人の希望に沿うような形にしていかなければなりません。

結婚式をあげる人にとって人生の晴れ舞台ですから、大きな夢と期待を持って相談に訪れます。そのため、決まりきったパターン通りの式ではなく、新郎新婦らしさにあふれる個性的な式ができるように努めます。ある種の感動を作り上げるアーティスティックな仕事ともいえるでしょう。

とはいえ、式場にしてもプロデュース会社にしてもビジネスとして結婚式・披露宴を作るわけですから、実際の仕事はこまごました地味な作業の連続で、各業者との折衝などもあり、一種の営業職といえます。

結婚式場やホテルの宴会場、セレモニー会館、結婚関連のプロデュース会社などの社員として働くのが普通ですが、中にはフリーで独立コーディネーターとして開業している人もいます。

資格の取り方

資格がなくても就職はできますが、関連資格として公益社団法人日本ブライダル文化振興協会が、技能検定を実施しています。

また、専門学校などにブライダルコーディネーター養成の学科があります。

問い合わせ先

□ （公社）日本ブライダル文化振興協会
東京都中央区八重洲2-10-12　国際興業第二ビル6F
Tel.03-6225-2611

111

住宅改修やガーデニングのアドバイスをする

DIYアドバイザー

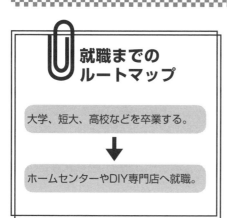

就職までのルートマップ

大学、短大、高校などを卒業する。

↓

ホームセンターやDIY専門店へ就職。

仕事の内容

DIYとは［Do It Yourself.］の略で「自分でやってみよう」という意味です。住宅の補修や改築、庭作りなどもともと専門家にまかせていた仕事を自分の手でやろうという考え方を指しています。イギリスで生まれたこの言葉はその後アメリカでも発達し、日本では1972年に初めてDIYにもとづく大型ホームセンターができました。

DIYアドバイザーは、ホームセンターやDIY専門店で顧客サービスにあたり、工具の種類や使い方、材料の選び方についての質問に答えたり、店が開催する工作教室、ガーデニング教室で教えたりという仕事をします。

ホームセンターなどの従業員採用は一般企業と同じで、新規学卒者の正社員採用、パート・アルバイト採用などが行われています。就職に際して特別の資格は必要ありませんが、DIYアドバイザー資格を持っていると有利になることもあります。

資格の取り方

一般社団法人日本DIY・ホームセンター協会がDIYアドバイザー認定試験を行っています。ホームセンター各社はこの資格を採用条件とすることは少ないですが、従業員には資格取得を奨励しており資格取得に際して費用を一部負担してくれる会社や、有資格者手当を出す会社などがあります。

DIYアドバイザー試験は年1回実施で、受験資格は18歳以上の方ならば誰でも受験できます。

2022年度の結果は、一次試験（学科）受験者1051名、合格者490名。二次試験（実技・一次免除者含む）受験者683名、合格者407名でした。

問い合わせ先

□（一社）日本DIY・ホームセンター協会
東京都千代田区鍛冶町1-8-5　新神田ビル5F
Tel.03-3256-4475

専門知識を持った靴選びのアドバイザー

シューフィッター

就職までのルートマップ

大学、高校などを卒業して、靴販売店・靴メーカーなどへ就職する。

↓

シューフィッター養成講座で学びシューフィッターとしての業務にあたる。

仕事の内容

シューフィッターは一般社団法人足と靴と健康協議会（FHA）が養成・認定する、足に靴を合わせる技術者です。

現代人にとって靴は不可欠ですが、靴のために足の健康を損ねることも大変多くなっています。外反母趾がその好例ですが、他にも骨格や爪の変形、皮膚の損傷などいろいろな問題があります。これらはすべて、その人の足の形に合っていない靴を長期間にわたって履き続けることが原因です。

シューフィッターは、人の足に対する解剖学的・生理学的知識や靴の構造の知識などを駆使して、顧客の足に適合する靴を探したり情報提供をしたり、靴の調整を行う、いわば靴選びのアドバイザーといえます。

活躍する場所はほとんどが靴の販売店になりますが、シューフィッターとして学ぶ知識は靴の開発・製造過程でも役立つものなので、靴メーカーに所属するシューフィッターもいます。

資格の取り方

FHAの認定するシューフィッターの資格には、プライマリー・シューフィッター（初級）、バチェラー・シューフィッター（上級）、マスター・シューフィッター（修士）の3種類があります。さらに付随する資格として、幼児子ども専門シューフィッター、シニア専門シューフィッターの2つの専門資格があります。

認定を受けるには、所定の実務経験を満たした上で、協議会が行う所定の講習（スクーリングと通信教育）を受けて認定試験に合格しなければなりません。

2023年現在、認定を受けたシューフィッターは全国に3678名います。

問い合わせ先

□（一社）足と靴と健康協議会
　東京都台東区浅草7-1-9　皮革会館3F
　Tel.03-3874-7646

探偵・調査員

就職までの ルートマップ

探偵社や興信所に直接就職するか探偵学校などで学び就職。

↓

採用当初は見習いとして仕事に就く。

仕事の内容

探偵事務所、探偵社、興信所、調査会社などの会社は、一般に調査業という言葉でくくられます。

調査業は、調査対象が個人の場合と企業の場合に分かれます。調べる相手が個人の場合は、身元調査、素行調査、家出人調査などがあります。調査目的も、企業が採用予定者を調べる場合や結婚に際し結婚相手の素性の調査などから、家出した家族を探す、初恋の人に会いたいなど相談はさまざまです。ただ、圧倒的に多いのは男女関係における浮気・不倫に関する調査です。調査対象が企業の場合は、取引企業の経営状態や業績、人事などについて調べます。

会社によってそれぞれ得意分野が違うのですが、おおまかにいうと探偵社は個人調査、興信所は企業調査をおもに手掛けるようです。もちろん、この区別は厳密ではなく、多くの会社は両方の業務を行っています。

個人調査での探偵は、聞き込み、尾行、張り込み、写真撮影、現場調査、報告書作成などを行い、根気のいる地味な職業です。なお、テレビドラマのように刑事事件を探偵が解決するということは、日本ではまずあり得ません。

資格の取り方

調査業には資格・免許制度がありません。それだけに依頼人とのトラブルを起こす会社も多く、最近では人材育成のために探偵学校等も開講されています。業界で唯一全国組織の法人として認められている一般社団法人日本調査業協会でも、現役調査員に対する研修教育を行っています。就職は、探偵社に直接アプローチを取るのが最短の道です。

問い合わせ先

□ （一社）日本調査業協会
東京都千代田区岩本町2-6-12 曙ビル402
Tel.03-3865-8371

アタリハズレよりも信頼されることが大切

占い師

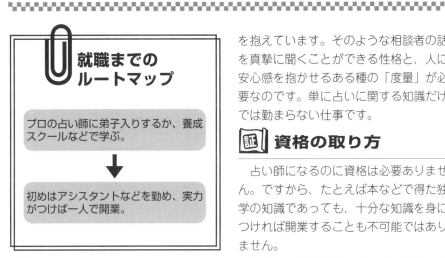

就職までのルートマップ

プロの占い師に弟子入りするか、養成スクールなどで学ぶ。

↓

初めはアシスタントなどを勤め、実力がつけば一人で開業。

💼 仕事の内容

西洋占星術、タロット占い、水晶占術、易学、手相など占いにもいろいろなものがあります。街頭で営業している易者もおりますが、今はショッピングモールなどの占い館に複数の占い師がコーナーを開設して営業することが多いようです。また、有名な占い師になると著書を出版したり、雑誌に占い記事を書くという仕事もあります。最近ではインターネットのホームページで営業する占い師もみられます。

占い師に求められる資質は、人との「コミュニケーション能力」です。気軽・深刻の度合いに違いはあるものの、相談に来る人はなんらかの悩みや心配事を抱えています。そのような相談者の話を真摯に聞くことができる性格と、人に安心感を抱かせるある種の「度量」が必要なのです。単に占いに関する知識だけでは勤まらない仕事です。

証 資格の取り方

占い師になるのに資格は必要ありません。ですから、たとえば本などで得た独学の知識であっても、十分な知識を身につければ開業することも不可能ではありません。

しかし、独学では一人よがりの偏った考え方になりがちなので、プロの占い師に弟子入りしたり、占い館などで開講している養成講座を受講して、プロから教えてもらうという段階を踏むことが通常のようです。

🐷 収入

占い師の報酬はそれほど高くないため、若いうちからそれだけで生計を立てられる人は少ないようです。

問い合わせ先

各地の占い館などへ。

音楽療法士

就職までのルートマップ

音楽大学や短大、専門学校等の音楽療法士養成コースを卒業する。

↓

老人福祉施設、病院の精神科・診療内科、心身障害者施設等で音楽療法に従事。現状では、常勤の専業療法士はまだ少ない。

 ## 仕事の内容

音楽療法は、音楽による心理療法となりますが、広くはさまざまな病気・障害の治療や回復に、音楽を通してアプローチする方法を指します。

ヒーリング・ミュージック（癒しの音楽）という言葉に象徴されるように、音楽は人の心を癒すものと考えられてきました。音楽療法が医療の一分野として位置づけられるようになったのは1950年代のアメリカが最初で、精神病院の慰問をしていた音楽家の活動が元になっているようです。

その後、医師や音楽家たちが研究を重ね、アメリカでは現在音楽療法士が国家資格として認められています。日本でも1970年代頃から、音楽療法への注目が高まり、研究が進められてきています。

資格の取り方

国家資格ではありませんが、日本音楽療法学会認定の「音楽療法士」という資格があります。

音楽療法士を目指す場合、音楽系の大学や短大、専門学校でまず音楽の基礎を学ぶことが第一段階です。音楽療法士養成コースを設置する学校も増えていますから、志望がはっきりしていればこのコースを選んだ方が近道でしょう。

収入

現状では、専業で生活を支えるのは困難なようです。

問い合わせ先

☐ （一社）日本音楽療法学会
東京都港区浜松町1-20-8 HK浜松町ビル6F
Tel.03-5777-6220

☐ 東京心理音楽療法福祉専門学校
東京都豊島区目白5-20-24
Tel.03-5996-2511

その他、音楽大学や専門学校等へ。

飼い主に代わってペットを世話する

ペットシッター

就職までのルートマップ

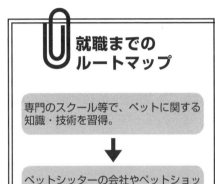

専門のスクール等で、ペットに関する知識・技術を習得。

↓

ペットシッターの会社やペットショップなどに勤務。顧客の自宅へ派遣。

💼 仕事の内容

「ペットシッター」という名称は「ペット」と「ベビーシッター」を組み合わせた造語で、ペットブームに伴い、新しい職種として注目を集めています。

仕事や旅行、また病気や入院などで、ペットの世話ができない飼い主に代わって、世話をするのがペットシッターの仕事。動物好きであることはもちろんのこと、留守宅を訪れての仕事も多いので、飼い主との信頼関係を築くことも必要になります。

📖 資格の取り方

ペット販売から動物園、動物訓練士、ペットホテル業など、動物を取り扱う人たちには、「動物取扱業の登録」が法律で義務付けられています。ペットシッターを行うにも、法律により一定の要件を満たした上で、自治体へ登録申請する必要があります。

「ペットシッター」の名称を特許庁に登録しているビジネス教育連盟では、ペットシッター養成講座を開講しています。修了時に行われる検定試験に合格すると、協会認定ペットシッター資格が授与されます。

協会認定の資格取得により、動物取扱業の業務5種別（販売・保管・貸出し・訓練・展示）のうち、「保管」と「訓練」への登録が可能です。

🐷 収入

開業場所に制約がなく、ひとりからでも始められることから、知識を習得し、資格を取得した後に、自宅で独立開業をめざすことも可能です。副業や兼業として働く人も多い職業です。

📍 問い合わせ先

□ ビジネス教育連盟・ペットシッタースクール
東京都新宿区新宿5-4-1
新宿Qフラットビル707
Tel.03-5379-4007

動物病院・ペットクリニックのナース

動物看護師

就職までのルートマップ

ペット・動物関係の専門学校の動物看護コースを卒業する。

↓

動物病院やペットショップへ就職。

仕事の内容

動物病院などで獣医師の診察や治療の補助をしたり、動物の健康管理・健康診断などを行ったりするのが動物看護師です。いわばペットの看護師さんといえます。

資格の取り方

これまで国家資格はありませんでしたが、2023年より愛玩動物看護師国家試験が実施されました。

受験資格は、①大学で指定する科目を修めて卒業（見込含）した者、②都道府県知事指定の愛玩動物看護師養成所において3年以上愛玩動物看護師として必要な知識及び技能を修得した者、③①及び

②と同等以上の知識及び技能を有すると認定された者。

既卒者やすでに動物看護師として働いている現任者については、2027年4月末までの経過措置として、講習会の受講や予備試験の合格により受験資格を得ることが可能です。ただし現任者の場合、愛玩動物の世話その他の看護や愛護・適正な飼養に係る助言その他の支援の実務経験が5年以上必要です。

国家資格を取得せずに動物看護師として働くことは可能ですが、有資格者のみ携わることの出来る業務があり、また愛玩動物看護師を名乗ることは名称独占資格のため出来ません。

収入

動物病院、ペットショップなど勤務先によってさまざまですが、初任給は約17万円前後です。

問い合わせ先

国家試験・予備試験については
□（一財）動物看護師統一認定機構
東京都文京区本郷5-23-13　タムラビル8F
Tel.03-5805-6061
その他、各養成校へ

犬好きなだけでなく、ある程度の体力も必要

ドッグトレーナー（犬訓練士）

就職までのルートマップ

ペットスクールなどの養成校を卒業。

↓

民間の訓練所に就職。見習い期間が長くトレーナーと認められるのに最低でも2～3年はかかる。

↓

JKC等の資格を取得。

仕事の内容

ドッグトレーナーは、委託を受けて犬のしつけ、各種訓練を行います。普通の家庭で飼われる愛犬のしつけを行うトレーナーもいれば、警察犬や盲導犬、災害救助犬といった特殊な訓練を行うトレーナーもいます。

トレーナーといっても犬の訓練をするだけが仕事ではなく、食事やトイレの世話、健康管理、犬舎の掃除など犬の生活にかかわるすべてのことをこなさなければなりません。ただ犬が好きというだけで勤まる仕事ではありませんが、きめ細

やかな気配りが必要という意味では、女性向きの仕事だともいえます。

資格の取り方

法的に取得が義務づけられた資格はありませんが、一般社団法人ジャパンケネルクラブ、公益社団法人日本警察犬協会、公益社団法人日本シェパード犬登録協会が発行する資格が、業界では評価されているようです。ただし、いずれも経験を積んだプロが取得する資格です。これからトレーナーを目指す場合には、民間の愛犬訓練所に就職するか、ペットスクールのトレーナーコースで学ぶことが必要です。

なお、警察犬や災害救助犬の嘱託訓練は、認定を受けている訓練所でなければ行うことができません。

収入

訓練所に就職当初の見習い期間は、あまり高給は見込めませんが、実力をつければ将来愛犬訓練士として独立開業する道も開けます。

119

問い合わせ先

ペットスクールや訓練所へ。

獣医師

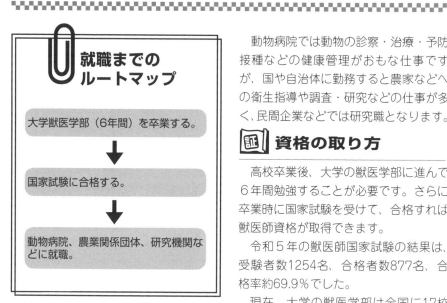

就職までのルートマップ

大学獣医学部（6年間）を卒業する。

↓

国家試験に合格する。

↓

動物病院、農業関係団体、研究機関などに就職。

💼 仕事の内容

動物の健康管理や診療、動物にかかわる研究などを行います。動物といっても幅が広く、犬・猫・鳥などのペットを扱う医師や牛・豚・馬などの畜産農家の動物を扱う医師、さらに乳業会社や食肉会社などで研究職に携わる医師、製薬・化学会社などでバイオ研究をする医師など多岐にわたります。

勤務先は産業動物の動物病院、ペットの動物病院、国や都道府県の農業関係研究所、農業関係団体、製薬・化学会社、乳業・食肉会社などがあげられます。

動物病院では動物の診察・治療・予防接種などの健康管理がおもな仕事ですが、国や自治体に勤務すると農家などへの衛生指導や調査・研究などの仕事が多く、民間企業などでは研究職となります。

証 資格の取り方

高校卒業後、大学の獣医学部に進んで6年間勉強することが必要です。さらに卒業時に国家試験を受けて、合格すれば獣医師資格が取得できます。

令和5年の獣医師国家試験の結果は、受験者数1254名、合格者数877名、合格率約69.9％でした。

現在、大学の獣医学部は全国に17校（国公立11校、私立6校）あります。

🐷 収入

公務員・企業勤務の場合でも高めの給与水準となっています。動物病院勤務の場合には病院によってかなりの違いがあります。また、将来独立開業した場合には、経営が軌道に乗ればかなりの高収入が見込めます。

📍 問い合わせ先

各大学の獣医学部等へ。

No.6

クリエイティブ

Creative

マンガ家●フラワーデザイナー●トレーサー●クラフトデザイナー●
インダストリアルデザイナー●インテリアデザイナー●ディスプレイデザイナー●染色家●
アクセサリーデザイナー●ジュエリーデザイナー●脚本家●絵本作家●カメラマン●
グラフィックデザイナー●イラストレーター●テクニカルイラストレーター●装丁家●
照明家●テクニカルライター

新鮮な発想で一社に集中的にアピール

マンガ家

就職までのルートマップ

①マンガ雑誌の新人賞などに応募して入賞する。
②出版社へ作品を持ち込む。
③マンガ家のアシスタントとして、基礎技術を磨く。

↓

プロデビュー。

仕事の内容

子どもからおとなまで、幅広い層に親しまれるマンガ。大ヒットしたテレビドラマが、マンガの原作からというものも数多くあります。

また、むずかしい経済学の話を分かりやすくするためにマンガで説明するなど、以前に比べ活躍の場が広がってきました。いろいろなことに興味をもち、アイデアに取り入れる姿勢がマンガ家にも必要になっています。

資格の取り方

特に資格は必要ありません。プロにな

りたいという意欲のある人は、各出版社が発行しているマンガ雑誌の誌上セミナーへの投稿や新人賞への応募、編集部への持ち込み、プロのマンガ家のアシスタントをしながらチャンスをねらって編集者へ売り込むといった方法をとるとよいでしょう。

投稿でも持ち込みでも、複数の編集部にあたるより、一社に的をしぼり、コンスタントに作品を見てもらったほうが、顔や名前を覚えてもらう上でもかなり有利です。

収入

各出版社や、各人の実力の差によって一概にはいえませんが、新人で1枚5000～1万円程度、すでにプロとして活躍している人では1万円以上というのが、だいたいの目安です。ギャグマンガやイラストの場合は、枚数が少ないので別計算になります。

雑誌に掲載されたマンガが単行本になれば、印税収入があります。ただし、すべてのマンガが単行本化されるわけではありません。

問い合わせ先

各出版社のマンガ編集部など。

フラワーデザイナー

就職までのルートマップ

一般の高校または大学・短大・専門学校を卒業して、生花店、花材専門店等に就職。

↓

就職前や就職後に、フラワーデザイン教室などで基礎を勉強する。日本フラワーデザイナー協会の資格を取得。

↓

ホテル・結婚式場のディスプレイ等、規模の大きな仕事をする。あるいは、デザイン教室の講師として働く。

仕事の内容

花の魅力を生かし、小物から空間までを演出するのがフラワーデザイナー。

公益社団法人日本フラワーデザイナー協会が行っている資格検定試験があり、合格すると公式にフラワーデザイナーとしての呼称を使用することができます。

資格の取り方

〈資格認定試験〉

1級～3級まであり、3級から取得することになっています。受験資格は日本フラワーデザイナー協会講師・公認スクールが認定する単位の取得が必要です。

〈フラワー装飾技能検定〉

受験者の有する知識、技能を証明する国家検定制度。フラワー装飾に関する実務経験が必要とされます。

受験資格に必要な経験年数は実務経験のみの場合、1級が7年（2級合格後の1級受験は2年、3級合格後は4年）、2級で2年以上、3級は経験なしで受験可能です。

収入

生花店勤務の場合は月収14万円前後、デザイン学校の講師の場合は1レッスン2時間で1万円～2万5000円程度です。

問い合わせ先

□ （公社）日本フラワーデザイナー協会
　東京都港区高輪4-5-6
　Tel.03-5420-8741

技能検定については
□ 中央職業能力開発協会
　東京都新宿区西新宿7-5-25
　西新宿プライムスクエア11F
　Tel.03-6758-2861

123

トレーサー

就職までのルートマップ

トレース技術を教える講座を受講。基礎技術を身につけ、技能検定に合格する。

↓

設計事務所等に就職。トレースとともにパソコンや CAD の知識・技術が要求される。

仕事の内容

設計家や製図技師など専門家が、計算作成した精密な図面の下書きや、デザイナーの下書きを清書するのがおもな仕事です。

トレーサーの活躍部門は機械工業分野、土木・建築分野、電気・電子分野、商業分野と多岐にわたっています。

資格の取り方

一般財団法人中央工学校生涯学習センターが実施するトレース技能検定があります。

この資格がなければ、トレーサーにな

れないというものではありませんが、自分の実力やまた企業が採用する際の、ひとつの目安になります。

〈トレース技能検定〉

受験資格は、学歴、年齢、性別その他の制限はありません。

試験は、1〜4級に分かれています。4級は、簡単な図および工業に関連する図面をトレースでき、図面作成上必要な初歩的知識を持っている程度。1級は、複雑な図および工業図面を正しく美しく速くトレースでき、さらには印刷原図として使用できる程度の高度な実技能力を持ち、該当専門分野の技術指導ができるとなっています。

フリーランスとして働く場合は、1級くらいの力を持つ必要があります。

試験は毎年10月中旬に、東京、大阪など全国主要都市で行われます。

収入

設計事務所など会社に所属した場合は初任給が16〜17万円ぐらいです。

問い合わせ先

□ （一財）中央工学校生涯学習センター
東京都北区中里1-15-7
Tel.03-5814-1465

機械化時代に手作りの良さを求める

クラフトデザイナー

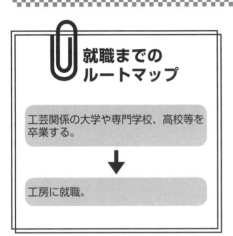

就職までのルートマップ

工芸関係の大学や専門学校、高校等を卒業する。

↓

工房に就職。

仕事の内容

クラフト商品とは手作り商品のこと。その分野は陶器、漆、竹、木、ジュエリー、ガラス、彫金と幅広くあります。クラフトデザイナーは、これらの素材の製品を企画・考案・製作する人たちを指します。

一般にクラフト商品というと伝統工芸品を思い浮かべますが、それも含めて、大量生産のできないものと理解すればよいでしょう。

民俗工芸とされていた竹製品、籐製品なども、今はインテリアとして生活の中に根を下ろし、現代にマッチした製品が求められていますし、彫金やジュエリー（宝石・貴金属装身具）は一品ものの希少性が好まれます。

工芸品というと「職人」のイメージが強いですが、現在はオリジナルデザインが求められる時代です。そのため、デザイナーと職人の分業化がすすみ、企画・考案だけを行う「クラフトデザイナー」という職種も確立しています。

証 資格の取り方

技術や発想が頼りの、昔でいうなら職人芸を求められる仕事ですから、そのための資格というのはありません。工房で何年か働いて一人前になるという人もいます。また、大学や専門学校の専門課程で基礎を学んでから、進む人も少なくありません。

収入

企業に入ると、初任給は18万円程度、見習いや弟子として入った場合は収入ゼロということも考えられます。

問い合わせ先

□ 東洋美術学校
東京都新宿区富久町2-6
Tel.0120-335-986

□ 日本宝飾クラフト学院
東京都台東区台東3-13-10
Tel.03-3835-3388

125

女性だけの商品開発チームも珍しくない

インダストリアルデザイナー

 **就職までの
ルートマップ**

工業デザインが学べる大学や短大、専
門学校等を卒業する。

↓

工業デザイン事務所、家電メーカー、
事務用品メーカー、玩具メーカー等へ
就職する。

🧳 仕事の内容

　プロダクトデザイン（製品デザイン）
には、工芸デザインと工業デザインがあ
り、インダストリアルデザインとは工業
デザインのことを指します。

　工芸デザインをする人はクラフトデザ
イナー（→P125）とよばれ、手作りの
少量生産のものを手がけます。一方イン
ダストリアルデザイナーは、工場で機械
化できる大量生産のものを扱います。

　私たちの生活に密接する製品のほとん
どがインダストリアルデザイナーの手に
よるもので、テレビなどの電化製品、歯
ブラシに至るまでの日用品、また、自動
車、航空機など、その活躍分野は身近な

ものからメカニズムの世界まで多種多様
です。

📖 資格の取り方

　特に資格はありませんが、美術大学や
デザイン専門学校で、デザインの基礎技
術をマスターしておくことが必要です。

　また、大学の工学部で電気や機械、自
動車など、各専門分野の工学知識を勉強
するという方法も考えられます。

　勤務先は各種製品メーカーです。

📍 問い合わせ先

□ （公社）日本インダストリアルデザイン協会
　東京都港区六本木5-17-1　AXISビル4F
　Tel.03-3587-6391

□ （公財）日本デザイン振興会
　東京都港区赤坂9-7-1　ミッドタウン・タワー5F
　Tel.03-6743-3772

□ 東京デザイナー学院
　東京都千代田区神田駿河台2-11
　Tel.0120-626-006

□ あいち造形デザイン専門学校
　愛知県名古屋市千種区今池4-10-7
　Tel.052-732-1631

□ 大阪デザイナー専門学校
　大阪府大阪市北区堂島2-3-20
　Tel.0120-592-299

創造的な空間をデザイン

インテリアデザイナー

就職までのルートマップ

インテリアデザインが学べる大学や短大、専門学校等を卒業する。

↓

建築会社、設計事務所、ディスプレイ専門会社等へ就職。

💼 仕事の内容

インテリアデザインというのは、ふつう「室内装飾」「室内設計」のことを指します。住宅やビル、店舗や乗り物の内部のデザインから、室内の家具や照明器具のデザインまで幅広い分野にわたっています。室内そのものを対象とするものがリビングデザイン、室内に装備される家具や調度品を対象とするのがデコラティブデザインといわれます。また、建物の外装を行うエクステリアデザインをインテリアデザインの分野とする場合もあります。

インテリアデザインは3次元の立体的なデザインを考えますから、空間・立体・奥行きといったものをとらえるセンスが必要です。

また、この仕事は、建築設計と切り離しては考えられない場合が多いだけに、建築に関する知識が要求されます。設計士や工事関係者との共同作業になりますから、そのための協調性、そして依頼人の意見や希望などを受けとめられる能力や柔軟性なども必要になってきます。

証 資格の取り方

特に資格制度はありません。美術大学のデザイン系、総合大学の芸術学部系か工学部のデザインに関係する学科、各専門学校のインテリアデザイン関係のコースで学ぶのが一般的です。

収入

各企業などによりかなり差がありますが、初任給は17万円以上。経験があれば20万円以上です。

📍 問い合わせ先

☐ (公社)日本インテリアデザイナー協会
東京新宿区西新宿3-7-1　新宿パークタワー7F
Tel.03-5322-6560

☐ 東京デザイナー学院
東京都千代田区神田駿河台2-11
Tel.0120-626-006
その他、各専門学校などへ。

127

ディスプレイデザイナー

就職までのルートマップ

美術大学や大学の芸術系学部、デザイン系専門学校等を卒業する。

↓

ディスプレイ専門会社、コンベンション企画会社等へ就職。

 仕事の内容

空間を演出するインテリアデザインに含まれ、その装飾、展示のためのデザイン分野がディスプレイデザインです。

専門店やデパートの売り場、ショーウインドウ、催し場などの装飾がおもな仕事場ですが、その他店舗の外装から見本市、博覧会、展覧会などのイベント会場、屋外のショー、遊園地での催し物などの企画、制作、展示に参加することもあります。

デパートのウインドウディスプレイの場合、決められたテーマに従い具体的なアイデアを出し、それをまずラフスケッチやパース画で表現します。それをもとにマネキンやポスター、アクセサリー、小物など必要なものを準備して、実際の装飾作業に入ることになります。

造形感覚、色彩感覚にすぐれ、時、場所、目的を的確に把握したうえで空間を構成する能力が要求されます。

また、クリスマスなどイベントのあるシーズンや季節の変り目は、ディスプレーもそれに合わせ季節感あふれるものにするため、忙しい時期になります。

酷寒、酷暑のもとでの作業、あるいは徹夜などと作業条件が悪い場合があり、勤務時間が不規則なのでかなりの体力が必要とされます。

資格の取り方

資格制度はありませんが、美術大学やデザイン専門学校などで勉強するのが一般的です。

職場はディスプレイの専門会社や各種イベント企画会社などになります。

問い合わせ先

□ 東京デザイン専門学校
東京都渋谷区千駄ヶ谷3-62-8
Tel.0120-339-929

□ 東京デザイナー学院
東京都千代田区神田駿河台2-11
Tel.0120-626-006

伝統技術と色彩感覚を融合させる

染色家

就職までのルートマップ

美術系大学や専門学校で教養的な知識や基礎技術を学ぶ。

↓

染色工房等へ就職する。実力がつけば染色作家として独立も。

仕事の内容

染色家とは、一般に着物地への染色を行う人を指します。布地の柄をデザインして色付けをする、着物地のテキスタイルデザイナーともいえます。

染色には単一色で染める技法や、友禅、型染、しぼり染、ローケツなど昔から伝わるさまざまな技法があります。

ひところは着物の需要がかなり減りましたが、近年ふたたび注目を浴びるようになりました。有名ファッションデザイナーが着物をデザインするようになったり、着物を多用したイベントが催されたり、またプリント地の安価な着物が手に入りやすくなったりなどさまざまなことによります。

工場で大量生産できる機械染色に対し、染色家の仕事はすべて手作業で高度な技術を必要とします。

証 資格の取り方

特に資格制度は設けられておりませんが、かなりの経験を積むと伝統工芸士として認定を受ける人もいます。

大学や短大、専門学校の芸術系コースや染色、テキスタイル学科などで基礎を学ぶことができます。

着物に限らずテキスタイル分野でも需要が多く、以前より活躍の場は広がりました。

収入

会社に入った場合は、その規定によります。個人に弟子入りした場合は、会社員の平均収入よりはやや少ない傾向にあります。

独立して顧客のつく染色工芸作家ともなれば、高収入が期待できます。

問い合わせ先

□ （一社）染の里おちあい
　東京都新宿区上落合2-3-6
　Tel.03-3368-8133
他、各美術系大学、専門学校などへ。

アクセサリーデザイナー

就職までのルートマップ

美術系の大学や専門学校、専門スクールで、知識と技術を身につける。

⬇

アクセサリーメーカー、貴金属店等へ就職する。

💼 仕事の内容

アクセサリーは、小物類、付属品のほかに服装に加える装飾品の意味でも使われます。広義には靴やバッグ、手袋なども含まれますが、ここではネックレス、イヤリング、指輪などの装身具についてとりあげます。

特別注文品でない限りデザイナーが素材の持ち味を活かしたデザインを考案し、飾り職人やメーカー側で製品を作り商品として量産をするシステムになっているので、消費者のニーズに合った作品を作ることが第一です。

基礎的な技術や知識は学校で身につけることができますが、資質としてある程度の手先の器用さと美的センスが求めら

れます。

資格の取り方

特に学歴や特別な資格は問いませんが、洗練されたセンスとオリジナルな感覚を養うことが必要です。

美術大学や短大、専門学校などでデザインの基礎を学ぶと同時に、実技を身につけるのが一般的です。

収入

各メーカー、装飾品店などにより異なりますが、初任給は一般社員とほとんど同じくらいです。

📍 問い合わせ先

☐ 日本宝飾クラフト学院
  東京都台東区台東3-13-10
  Tel.03-3835-3388

☐ 日本ジュエリーアカデミー
  東京都品川区上大崎3-14-34　プラスワンビル2F
  Tel.03-5447-0039

☐ 東京宝石デザインスクール
  東京都台東区谷中7-18-17　齋藤ビル201
  Tel.03-3827-7677

その他各美術大学、デザイン専門学校、メーカー等へ。

ジュエリーデザイナー

就職までのルートマップ

美術系の大学や専門学校、専門スクールで、知識と技術を身につける。

↓

ジュエリーメーカー、ジュエリーショップ等へ就職。

💼 仕事の内容

宝石や貴金属が持つ素材の美しさを、指輪、ネックレス、ブローチ、イヤリングなど形を変えた新しい美へと導くのが、ジュエリーデザイナーの仕事です。

自分のイメージを形にするので、デザイン画から制作までトータル的な知識と技術が必要になります。

証 資格の取り方

仕事に就くために特別な資格を必要としません。

関連資格として、NPO法人宝石宝飾教育振興会が実施するワックスジュエリー検定は、専門性の高い技術評価の検定として知られています。その他に、ジュエリーデザイン画検定、シルバージュエリー検定があります。

また、ジュエリーの販売や関連業務に携わる専門家育成のため、一般社団法人日本ジュエリー協会ではジュエリーコーディネーター資格制度（1〜3級）を実施。業界の団体が認定することもあり、ジュエリーのプロを目指す人の必須資格になっています。

🐷 収入

各メーカーやショップによって異なりますが、専門スクールを卒業して就職した場合、一般企業と同じくらいです。経験や人脈を作り、フリーとして活躍する人もいます。

📌 問い合わせ先

☐ NPO法人宝石宝飾教育振興会
　東京都台東区台東3-13-10
　Tel.03-3835-3312

☐ （一社）日本ジュエリー協会
　東京都台東区東上野2-23-25
　Tel.03-3835-8567

その他各美術大学、デザイン専門学校、メーカー等へ。

脚本家

就職までのルートマップ

脚本家養成講座等で基本的な知識と技術を身につける。

↓

テレビ局やラジオ局のシナリオ一般公募、シナリオコンテスト等に応募して入選を狙う。

↓

プロデビュー。

仕事の内容

映画や芝居、そしてテレビ・ラジオのドラマ・ドキュメンタリーなどのシナリオを書くのがおもな仕事です。

オリジナルを書くこともあれば、原作のあるものをドラマ化するために脚色するという場合もあります。綿密な構成力、豊かな心理描写力などの文学的素養と、斬新なアイディア、そして幅広い知識が要求されます。

実際に一本のシナリオを書くとなれば、そのための現地調査や資料収集など

の取材活動を通して、作品にしっかりとした裏付けと肉付けをほどこしたりします。いったん仕上がった作品でも、演出家の解釈の違いやスポンサーの都合などにより、何度も書き直すこともしばしば。忍耐力と体力も必要になってきます。

資格の取り方

特に資格制度というものは設けられていません。脚本家を志す人は独学で始める人が多いですが、日本シナリオ作家協会と日本脚本家連盟スクールなどが養成機関を設置しており、シナリオの創作技術を学ぶ道もあります。

収入

脚本料は映画の場合で100～1000万円、テレビでは1時間ものでおよそ30～200万円位です。いずれもキャリアや作品によります。

問い合わせ先

☐ 日本シナリオ作家協会
　東京都中央区日本橋人形町2-34-5　シナリオ会館2F
　Tel.03-6810-9550

☐ 日本脚本家連盟スクール
　東京都千代田区一番町21　一番町東急ビル2F
　Tel.03-6256-9960

オリジナルの空気が創れる新人を期待

絵本作家

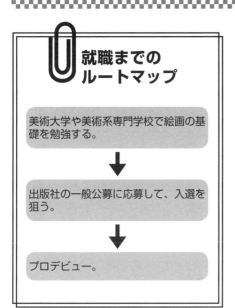

就職までのルートマップ

美術大学や美術系専門学校で絵画の基礎を勉強する。

↓

出版社の一般公募に応募して、入選を狙う。

↓

プロデビュー。

仕事の内容

絵本は子どもたちだけでなく、広くおとなたちにも夢と希望を与え、人の心に訴えかける力を持つ表現方法のひとつといえます。

簡単なストーリーと紙面いっぱいの絵から成りますが、簡単なストーリーといっても短くて、やさしい言葉使いという意味。しっかりした内容を持っていなくてはなりません。

また、絵本というだけに絵は大切な要素。絵画技法も多岐にわたり、絵の具や色鉛筆など身近な画材で仕上げられた作品もあります。

絵と文章が同じ作者によって手掛けられる場合と、別々の作者による場合とがあります。

昔から伝わる名作や、詩人・児童文学者の文章をもとに、絵を描くこともあります。

資格の取り方

特に資格制度はありません。美術大学や専門学校などで、絵の基礎、あるいは、絵本の基礎を学ぶルートがあります。

出版社に企画や原稿を持ちこんでも出版にこぎつけることはまれなので、各種の絵本大賞などに応募して入選するのがプロになる現実的な方法です。

収入

出版冊数によりかなり異なってきますが、高い評価と人気を得ない限り、絵本作家活動のみで生活を支えるのはむずかしいといえます。

問い合わせ先

□ 東京デザイナー学院
　東京都千代田区神田駿河台2-11
　Tel.0120-626-006
その他、各専門学校などへ。

カメラマン

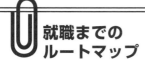

就職までのルートマップ

大学、専門学校等の写真学科を卒業する。または独学で技術を取得。

↓

スタジオや広告制作会社、出版社、新聞社等へアシスタントとして就職。

🧰 仕事の内容

報道写真、広告写真、営業写真、記念写真など、目的に沿って写真を撮影します。いずれの場合にも、カメラ操作などの撮影技術はもちろんのこと、固定観念にとらわれない頭脳と、被写体を的確にとらえる厳しい眼が要求されます。

資格の取り方

技能検定などの資格は一切設けられていません。カメラマンになるには、まず撮影から現像に至るまでの、知識と技術を取得しなければなりません。

大学や専門学校に写真の学科を設けているところがあり基礎を学ぶこともできますが、何よりも自分で写真を撮ること

が大切です。

その反面、力のあるプロに師事することは、技術的なことから写真に対する姿勢、人間性などに至るまで勉強になることが多く、それらを吸収できる一番いい方法といえるでしょう。

フリーとして仕事をもらえるようになるまでは、男性でも最低3年はかかるといわれます。実際にフリーとして活躍できるようになるには、自分が写真によって一体何を表現したいのか、その目的を自分自身で明確にしておくことが大切です。

🐷 収入

技術、経験、企業によりかなり違ってきますので一概にはいえませんが、会社に所属した場合初任給は16万～22万円程度といったところです。

📌 問い合わせ先

□ 日本大学藝術学部写真学科
東京都練馬区旭が丘2-42-1
Tel.03-5995-8282

□ 日本写真芸術専門学校
東京都渋谷区桜丘町4-16
Tel.03-3770-5585

幅広い創造力を平面デザインとして表現

グラフィックデザイナー

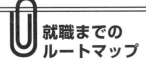

就職までのルートマップ

美術系の大学、短大、専門学校等を卒業する。

↓

デザイン事務所、広告制作会社、出版社等へ就職する。

↓

実力がつけばフリーとして独立も。

仕事の内容

グラフィックデザインの多くは、商業デザインの分野です。ポスター、新聞広告、TV・CM、カタログ、CDのジャケットからダイレクトメール、チラシにいたるまで、さまざまなビジュアルデザインを手がけます。

この仕事は与えられたテーマを作品の中で、正確にわかりやすく、印象深いものとして表現していかなければなりません。そのためには、デッサン、イラストなどを基礎力としてマスターしておくことや、印刷に関する知識の取得も必要です。

他のデザインワークと同じく、幅広い教養を持ち、あらゆる情報をしっかりと把握できる能力を、常に養うことを心がけねばなりません。

証 資格の取り方

資格制度のようなものはありません。美術大学や短大、専門学校、デザインスクール、デザイン科を持つ高校などで基礎をマスターするか、あるいはデザイン事務所に直接入社して、雑務をしながら勉強する方法があります。

いずれにしても、現場で求められるのは技術力、そしてクリエイターとしての発想力やセンス。自分の感性やイメージしたものを形にできる力が必要です。

収入

就職先の給与規定によりますが、初任給は17～18万円といったところです。

実力をつけて人脈を得ればフリーとして独立する道も開けます。

問い合わせ先

□ 東京デザイナー学院
　東京都千代田区神田駿河台2-11
　Tel.0120-626-006

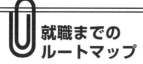

デザインワークの基礎ともなる技術

イラストレーター

就職までのルートマップ

美術系の大学、短大、専門学校等を卒業する。

↓

デザイン事務所、広告制作会社、出版社等へ就職する。

↓

実力がつけばフリーとして独立も。

🧳 仕事の内容

イラストレーションとは、ただ単に絵を描くということではなく、目的を持った絵を内容表現豊かに描くことです。したがってイラストレーターは、確かな技術はもちろんのこと内容表現力も要求されます。

パンフレットやポスター、雑誌、新聞、書籍に使われる図解やさし絵を描いたりするのですが、写実的なカット類から、デザイン的作品までさまざまです。作者の個性、絵画的才能を発揮できるといえます。

ただし、自分の思い通りに仕事ができるのは、ある程度有名になるまでむずかしく、注文主の要望に自在にこたえられる器用さが必要です。

資格の取り方

特に資格制度はありません。美術系大学や、グラフィックデザイン科やデザイン科のある専門学校に入って勉強する方法などがあります。

収入

イラストレーターとしての採用は、あまり多くはありません。デザイン事務所などに就職する場合、グラフィックデザイナーと兼ねることがあります。

有名なイラストレーターのほとんどはフリーで活躍していますが、かけ出しのフリーの場合、ギャラはワンカット数千円が相場です。

📍 問い合わせ先

□ 東京デザイナー学院
東京都千代田区神田駿河台2-11
Tel.0120-626-006

□ 専門学校日本デザイナー学院
東京都渋谷区桜丘町4-16
Tel.03-3770-5581

クルマや家電製品などの精密なイラストを描く

テクニカルイラストレーター

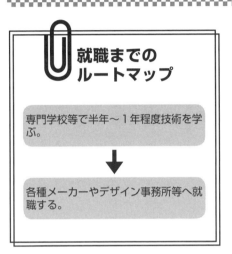

就職までのルートマップ

専門学校等で半年～1年程度技術を学ぶ。

↓

各種メーカーやデザイン事務所等へ就職する。

仕事の内容

　家電製品やコンピュータ、自動車、各種機械などの工業製品の精密図を描くのが、テクニカルイラストレーターの仕事です。

　自動車やバイクのカタログにある製品の透視図やメーカーの社内で必要とされる設計図、製品の完成予想図など、いろいろな用途に使われる「精密なイラスト」を描きます。

　活躍できる職場としては、メーカーの企画開発部門やデザイン部門、デザイン事務所、設計事務所などがおもなものとしてあげられます。

　普通のイラストレーターと違って、精密な絵が描ける画力、発注者のイメージを現実化できるデザインセンスに加え、該当分野の材料・機能などについての工学的知識が必要とされます。

資格の取り方

　特別な資格がなくてもできる仕事ですが、通常は専門の学校へ通って技術を学ばなければ就職はむずかしいようです。

　また、関連資格として厚生労働省所管の技能検定に「テクニカルイラストレーション技能士（手書き作業・CAD作業）」があります。

　指定の専門学校で3200時間以上修業した場合、1級は実務経験4年、2・3級は経験なしで受験資格が得られます。

収入

　勤務先のメーカーやデザイン事務所の給与規定によりますが、一般事務職よりは高い給与水準です。

問い合わせ先

技能検定については
□ 中央職業能力開発協会
　東京都新宿区西新宿7-5-25
　西新宿プライムスクエア11F
　Tel.03-6758-2861

ブックカバーを専門にするデザイナー

装丁家

就職までの
ルートマップ

デザイン関係の大学、短大、専門学校等でデザインの基礎知識・技術を勉強して卒業する。

↓

デザイン事務所、出版社の装丁部門、編集プロダクション等へ就職。

仕事の内容

本のデザインは大きく分けて、中身（本文）のレイアウトと表紙・カバーデザインの2つがあります。後者の表紙・カバーデザインの製作にあたる人を装丁家といいます。

装丁家の仕事は、製作する本の内容からカバーイメージを膨らませ、著者や編集者、出版社の意向をくみ取り、本の読者層・購買層に合ったデザインを作り出すことです。

書店に並んだとき最初に目に入るのが本のカバーですから、ひと目で本の魅力を伝えられるデザインセンスは必須。印刷や用紙、製本などの知識も、デザインを生かすため必要になることがあります。

カバーによって本の売上が左右されることもあり、とても重要な役割を果たしています。

資格の取り方

グラフィックデザイナーと同様に、装丁家になるために特別の資格は必要ありません。実力主義の世界なので、その人の技術やセンスが問われるだけです。

装丁の仕事に就くには、専門学校や大学・短大などでデザインを基礎から勉強し、デザイン事務所などで仕事をしながら実力を養成していくルートが一般的です。

収入

会社勤めの場合は、デザイン会社や出版社の給与規定によります。フリーで仕事をする場合、発注元である出版社の規模やキャリア・実力などによって大きく変わります。

また、装丁の仕事だけを専門にする人はあまり多くなく、本文のデザインなど他の仕事と兼任する人がほとんどです。

問い合わせ先

デザイン系専門学校等へ。

照らす光から見せる光に演出

照明家

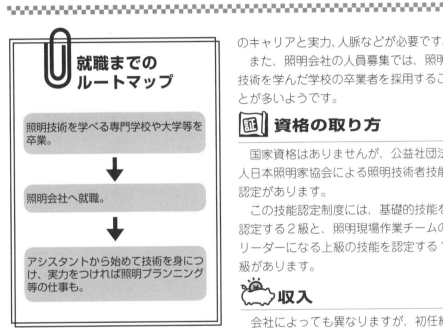

就職までのルートマップ

照明技術を学べる専門学校や大学等を卒業。

↓

照明会社へ就職。

↓

アシスタントから始めて技術を身につけ、実力をつければ照明プランニング等の仕事も。

💼 仕事の内容

照明の仕事は住宅や公共施設などの建築系のものと、映画やテレビ、舞台などの芸能的なものとがあります。ここでは後者を「照明家」としてとりあげます。

照明家も大きく分けてテレビ照明と舞台照明の２つがあります。テレビ照明はテレビカメラ、画面を通して映る色、舞台照明は直接、観客が見て楽しめるための照明を考えなくてはなりません。

通常は各照明会社に所属して仕事をします。フリーの照明家になるにはかなりのキャリアと実力、人脈などが必要です。

また、照明会社の人員募集では、照明技術を学んだ学校の卒業者を採用することが多いようです。

🪪 資格の取り方

国家資格はありませんが、公益社団法人日本照明家協会による照明技術者技能認定があります。

この技能認定制度には、基礎的技能を認定する２級と、照明現場作業チームのリーダーになる上級の技能を認定する１級があります。

🐷 収入

会社によっても異なりますが、初任給18万円前後です。実力をつけていけば、照明全体の企画を立てるプランナーになる道もあります。

📍 問い合わせ先

☐ （公社）日本照明家協会
東京都新宿区西新宿6-12-30
芸能花伝舎３F
Tel.03-5323-0201

☐ 東放学園専門学校
東京都杉並区和泉2-4-1
Tel.0120-343-261

テクニカルライター

就職までのルートマップ

マニュアル制作会社等に就職。

↓

実力次第で単行本の企画・執筆を行うフリーライターになる道もある。

仕事の内容

テクニカルライターとは、本来は家電製品やパソコン本体、ソフト製品などに付いている取扱説明書、いわゆるマニュアルを作る人のことを指します。

コンピュータ、インターネットの普及とともに、コンピュータ関連のマニュアルが増加。それにともなって、書店で市販されるパソコンや各種ソフトの解説書を専門に書くライターのことを、テクニカルライターと呼ぶことも多くなってきました。

そのためテクニカルライターは、①取扱説明書を書く人、②パソコン関連（ゲームソフト等も含む）解説書を書く人、という2つの意味を持つようになりました。もちろん、この両方を手掛けるライ

ターも存在します。

活躍できる職場は、①の取扱説明書を書くライターの場合はマニュアル制作会社やメーカーの専門部署に所属することが多く、②の解説書ライターの場合はほとんどがフリーライターの立場になります。

テクニカルライターになるためには、マニュアル制作会社へ就職して、①の取扱説明書を作る仕事をしながらコンピュータ知識や文章力を身につけるというのが一般的でしょう。

解説書のライターになるには、①で実力をつけた後、出版社などに企画を売り込むという流れが一般的ですが、雑誌の投稿欄などから編集部につてを作り、いきなりライターになるということも不可能ではありません。

資格の取り方

特別な資格は必要ありません。関連資格として一般財団法人テクニカルコミュニケーター協会が行う「TC技術検定」があります。

問い合わせ先

マニュアル制作会社等へ。

No.

7

芸能・音楽・映像

Entertainments-Music-Visual

アニメーター●声優●音響エンジニア●ウエディング奏者●ピアノ教師●ピアノ調律師●
ヴォーカリスト●映像クリエイター●いけ花講師●女優●書道講師●映画監督●
楽譜制作者●作詞家●作曲家

アニメーター

就職までのルートマップ

高校卒業後、美術系大学や専門学校、あるいはアニメーター養成校へ進学する。

↓

映画制作会社やアニメ・プロダクション等へ就職する。

仕事の内容

アニメーションの制作過程は、大まかに絵コンテを土台に原画、背景画、動画という順で行われます。アニメーターは原画を描く人と、動画を描く人に分かれています。

原画家は、あらかじめデザインされたキャラクターと絵コンテをもとに、1カットごとの動きを分析し、その動きの最初と終わりをデッサンします。

動画家は、原画家の仕事によってできた絵を、それがスムーズな動きになるように、原画と原画の間に何枚もの絵を描き、つなげます。これには、正確なデッサン力、模写力、そして、種々の動きを描きわけるだけの技術などが、要求されます。

 ## 資格の取り方

資格制度は特に設けられていません。アニメーション科などを設けている専門学校に入学し、デザインやデッサンなどの基礎技術、専門用語や理論、パソコンなどのデジタルスキルを身につけることです。最近では大学でもアニメーション科を設置するところがあります。

専門学校や大学などに在学中、制作プロダクションなどでアルバイトをして、第一線で活躍している人たちに教えてもらう方法もあります。現在では、CG（コンピュータ・グラフィック）などを使ったゲームソフトの世界での需要が高いため、コンピュータの技術修得も重要な要素のひとつです。

 ## 収入

勤め先により異なります。

問い合わせ先

□ 東京アニメーター学院専門学校
　東京都千代田区西神田1-3-1
　Tel.03-5276-1511
他、各専門学校など。

実力本位の厳しい世界

声優

就職までのルートマップ

声優科のある専門学校に入学するか、声優養成所の入所試験を受けて合格し基礎的な勉強をする。

↓

専門のプロダクションに所属。

仕事の内容

アニメは性別や年齢を問わず幅広い層に浸透し、受け入れられてきました。それにともなって、登場人物に向けられていた関心が、その声を担当する声優に対しても向けられるようになりました。一部のアニメ声優の中には、人気アイドルや歌手となって注目を集める人も現れ、現在声優はあこがれの職業のひとつとなっています。

もちろん声優の仕事はアニメの分野だけではありません。CMやドラマ、ドキュメンタリーのナレーション、そして映画の吹き替え、ラジオのDJ、ゲームのキャラクターなどさまざまな声の仕事をしています。

資格の取り方

特に必要な資格はありません。まず、養成施設で基礎から勉強することが必要です。養成施設には専門学校の声優科、声優養成所などがあります。

専門学校の声優科は最近増えてきており、基礎から十分に勉強できるカリキュラムになっています。

養成所はかなり本格的で、即戦力として仕事に就くための技術や、人間性を学びます。養成所の中には、プロダクション付属のものがあるのも特徴。優秀な人材なら、養成所を卒業してそのままプロダクションに所属することが可能です。

収入

声優の収入は歩合制がほとんどです。有名な声優になると、仕事のハードさに比例してギャラも莫大なものになります。新人の場合、出演料が1万5000円からといわれています。

問い合わせ先

□ 専門学校東京アナウンス学院
　東京都中野区弥生町1-38-3
　Tel.0120-343-261
他、各専門学校、養成所など。

音を進化させるプロ集団

音響エンジニア

就職までのルートマップ

高校を卒業後、音響技術系の専門学校で学ぶ（2年制がほとんど）。

↓

レコーディングスタジオなどに就職。

↓

アシスタント期間を経て、アシスタントエンジニアに。さらにキャリアを積んでエンジニアに。

仕事の内容

ひとくちに音響エンジニアといっても、レコーディングや放送スタジオ、PA、スタジオ・ホールの設計エンジニア、音響機器のエンジニアなど幅広く含まれ、音に関わるエンジニアを総称して呼んでいます。

コンサート会場などで、客席の中央付近に置かれた大きな操作盤を操っている人は、コンサートPAと呼ばれる音響エンジニアです。会場の隅々まで、音が自然にはっきりと届くような音響システムを組み、さらにアーティストにとっても自然に演奏できる環境を整える重要な役割を果たしています。

発された音をより良い音に伝えるのは、音響エンジニアの力次第です。

資格の取り方

音響エンジニアになるための公的な資格はありません。就職に際しては、音響技術系の専門学校で学ぶのが有利。学生のときに、アルバイトでスタジオなどに出入りをして、そのまま正社員になることも多いようです。

また、入社して3〜5年くらいはアシスタントとして働きます。

収入

各会社の規定によります。音楽ソフト制作会社などに就職した場合は、ある程度の給与が期待できます。技術を磨き、人脈を作ってから、フリーとして活躍する人もいます。

問い合わせ先

□ 音響芸術専門学校
　東京都港区西新橋3-24-10
　Tel.03-3434-3866
他、各音楽技術系学校へ。

ピアノ・電子オルガン奏者に最適

ウエディング奏者

就職までのルートマップ

音楽教室で、ピアノや電子オルガンを上級者レベルまで習う。または、ウエディング奏者専門のスクールに通う。

↓

ウエディング奏者専門のレッスンを受ける。

↓

各プロダクションのオーディションに合格。研修や見習いを経てデビュー。

仕事の内容

電子オルガンやピアノなどで、結婚披露宴の新郎新婦入場から退場まで、進行に合わせて生演奏をするのがウエディング奏者です。

会場全体に流れる音楽によって、披露宴の雰囲気が左右されます。単に上手に弾けるだけでなく、状況にあった即興演奏力、またクラシックからポップス・ポピュラー・JAZZなど、幅広く演奏できて、ひとつの曲をいろいろとアレンジできる技術が必要です。

新郎新婦がどんな式にしたいか、また司会者がどのように進行するかを、事前の打ち合わせで把握しなければなりません。演奏技術に加えて要望に応じられる柔軟性が、ウエディング奏者には求められます。

資格の取り方

ウエディング奏者の公的な資格は、特にありません。指導者レベルくらいの実力は必要といえます。

また、ピアノはデジタルが主流になってきているので、即興演奏技術を学ぶために、メカニックも同時にマスターする必要があります。

収入

会場やプロダクションによって違いますが、1本（披露宴1回）8000〜2万円くらいです。人気のあるベテランだと、シーズンは1日3本くらいこなし、高収入を上げることも可能です。

問い合わせ先

□ 国立音楽院
　東京都世田谷区池尻3-28-8
　Tel.0120-987-349

子どもから大人までをピアノの世界へと導く

ピアノ教師

就職までのルートマップ

各楽器メーカーの行う検定試験に合格。

↓

メーカー系の音楽教室の講師として働く。学校の音楽教師になる場合は、教員免許を取得できる大学・短大を卒業し、教員採用試験を受ける。

仕事の内容

情操教育のひとつとして、根強い人気なのがピアノです。

指導にあたる対象は、クラシックの場合、就学前から中学生が多いため子どもと接するための教養も要求されます。

またジャズなどをはじめとするポピュラーミュージックのピアノスクールも、若年層を中心に人気。教室によっては、昼に主婦向けのコースを開いたり、夜に社会人向けの教室を開くところもあります。

資格の取り方

音楽教師として学校に勤める場合は、教諭の普通免許状を取得した上で、採用試験に受からなくてはなりません。教諭免許は、公私立の音楽大学（短大）・私立の音楽学校に在学して、規定の単位を修得することが必要です。

自宅を開放して教えたり、出向いて教える場合、資格は必要ありません。また民間の音楽教室やピアノスクールなどでの指導の場合、楽器メーカーの行う検定試験に合格しておくと有利です。

音大に入るにも、確かな先生につくか音楽予備校に通い、実力を養う必要があります。

収入

公立校に勤務の場合、公務員の給与規定によります。自宅で教える場合、ワンレッスン5000〜1万円位が標準です。

問い合わせ先

□ 日本ピアノ調律・音楽学院
　東京都渋谷区東3-22-14 渋谷松原ビル2F
　Tel.0120-410-115

□ 国立音楽院
　東京都世田谷区池尻3-28-8
　Tel.0120-987-349

その他、各音楽学校、大学、短大へ。

ピアノの専門医

ピアノ調律師

就職までのルートマップ

①音楽大学や専門学校の調律科で専門の知識と技術を学ぶ、②プロの調律師に弟子入りする。

↓

楽器メーカー等へ就職する。

仕事の内容

ピアノは、弦の張りが少しでも狂うと、音程、音階に狂いが生じてきます。その狂いを直し、音程、音階を正しいものに調整するのが、ピアノ調律師の仕事です。

ピアノを調律するには、調律に関する専門的な知識と技術、それにすぐれた音感が必要になります。

また、ピアノ部品の不良を見つけたら、修理を行うこともあります。かなり細かい作業も含まれるので、集中力、手先の器用さが要求されます。

資格の取り方

調律科のある音楽大学や楽器会社の養成所、ピアノ調律学校で1〜3年間勉強

することが必要です。さらに、工場や調律師の下で働きながら技術を身につけ、5年ぐらいで独立できるだけの実力がつきます。

一般社団法人日本ピアノ調律師協会では、厚生労働省より指定された試験機関として、ピアノ調律技能検定を平成23年から実施。1〜3級があり、学科試験と実技試験が行われます。受検資格として規定の実務経験が必要です。

収入

会社、工場勤務の場合は一般社員とほぼ同じで手当がつきます。調律師として独立した場合はアップライトなら1万2000円前後、グランドなら1万5000円前後といったところで、ピアノの状態や本人の技術により千差万別です。

問い合わせ先

☐ 日本ピアノ調律・音楽学院
東京都渋谷区東3-22-14 渋谷松原ビル2F
Tel.0120-410-115

☐ 国立音楽院
東京都世田谷区池尻3-28-8
Tel.0120-987-349

☐ (一社)日本ピアノ調律師協会
東京都千代田区外神田2-18-21 楽器会館内
Tel.03-3255-3897

147

ヴォーカリスト

就職までのルートマップ

自分が目指したいジャンルの、ヴォーカルスクールでレッスンを受ける。

↓

レコード会社やプロダクションのオーディションを受ける。

↓

合格後、デビューに向けてライブやレコーディング。

仕事の内容

　バックコーラス、コーラス、仮歌シンガーなど「歌う仕事」の種類はたくさんありますが、メインのヴォーカリストは歌う仕事をめざす人にとって、誰もがあこがれます。

　ヴォーカリストになるために必要なことは、歌が上手いこと。ひとくちに歌が上手いといっても、「声量がある」「個性的」などさまざまですが、最低限きちんと歌えることが条件です。

　ヴォーカリストになるには、才能だけ

ではなく運も左右します。常にベストの状態で歌えるように、体調管理も重要といえます。

資格の取り方

　資格は必要なく、歌が上手く、個性的な人材が求められます。また、声質も大きなポイントです。

　独学で歌唱法を学び、デビューのチャンスをつかむ人もいますが、自分が目指すジャンルにあった歌唱法を身につけるには、スクールなどでレッスンを受けることが近道です。

　バックコーラスやスタジオミュージシャンに関しては、個性よりも正確性が求められます。

収入

　プロダクションに所属しても、給与制、歩合制などさまざまです。

　CDデビューして、曲がヒットすれば歩合給（歌唱印税）が入ります。

問い合わせ先

□ ミュージックスクールウッド
　東京都新宿区新宿3-32-8
　きめたハウジング第18ビル7F
　Tel.03-3341-8846
他、各養成校または音楽事務所など。

映像クリエイター

就職までのルートマップ

大学や専門学校などで映像制作技術を学ぶ。または独学で技術を習得。

↓

映像制作会社、テレビ局等に就職。

 ## 仕事の内容

　映像クリエイターとは映像に関わる職種すべてを指します。放送番組制作員や（P41）やTVディレクター（P50）も含まれますが、ここでは特に動画や映像を作る職種として取り上げます。

　仕事内容は、テレビ、Web、ゲームなどの映像の企画、撮影および制作、編集、加工ですが、これらすべての工程を一人で行う人もいます。近年注目を集めるYouTuberも、映像クリエイターと呼ぶことが出来るでしょう。

　職場としては、映像制作会社、テレビ局などが挙げられます。最近は、結婚式場などでも活躍をしています。

資格の取り方

　必要な資格はありません。美術系や映像系の大学・専門学校などで学んだ後に就職、もしくは映像制作会社などに就職して仕事を覚えていくのが一般的です。

　最近は個人でも動画の発表ができる場が増え、YouTubeなどの動画投稿サイトでは個人制作の映像作品が人気を集め、仕事や収入につながるケースも見られます。

収入

　企業や雇用形態によって収入は大きく違いますが、駆け出しの頃は膨大な作業時間に対して報酬はあまり多くありません。経験を積み、実力や人脈を増やすことで収入を自らの力で上げていく業界と言えます。

　また、動画投稿サイトより収益を上げるフリーランスやアマチュアの人もいます。有名動画投稿サイトの場合、動画に広告を入れることで収入が得られのですが、広告を入れるには登録が必要なのはもちろんのこと条件や審査があり、申込の出来る動画も1万回の再生があったものに限られます。

149

 ## 問い合わせ先

美術系・映像系の大学・専門学校または映像制作会社など。

いけ花講師

就職までのルートマップ

いけ花教室で学び、師範の免状を取る。
（3〜4年で修得）

↓

自宅や地域のスクール、会社のクラブなどで指導にあたる。

仕事の内容

　いけ花の起源は古く、仏教とともに伝来した仏前の供花にあるとされています。海外でもその魅力が認められて、とりわけ国内在住の外国人女性にたいへん人気があります。

　季節にあった花、花をいける花器選び、さまざまな場所や花器に合わせたいけ方で、優雅さ繊細さを表します。

　いけ花講師の活躍の場は、自宅で教室を開いたり、地域のサークル、会社のクラブ、学校の講師などがあります。

　伝統的ないけ花の基本を身につけることはもちろんですが、時代にあった多彩な応用力もいけ花講師には求められます。花の特徴を生かしながらも、独創的

ないけ方を常に研究して、新しい感覚を身につける必要があります。

資格の取り方

　各流派で師範の免状を出しています。ほとんどの流派が家元制度をとっており、師範の免状は直接ついている先生から家元へ申請が出され許可されます。

　本人の上達度合いによって、師範になれるまでの年限は違いますが、3〜4年が普通です。

収入

　教室を開く場合は、生徒ひとりあたり週1回でひと月5000〜1万5000円程度。また、経験年数や直接訪問して指導にあたる場合によっても違います。

問い合わせ先

☐ (一財)池坊華道会
　京都府京都市中京区堂之前町248
　Tel.075-231-4922

☐ (一財)草月会
　東京都港区赤坂7-2-21
　Tel.03-3408-1154

☐ (公財)日本いけばな芸術協会
　東京都豊島区駒込3-4-2
　Tel.03-6205-4325

女優

テレビドラマ、映画、舞台などで役を演じるのが女優の仕事。劇団やプロダクションに所属して、仕事をする人がほとんですが、人気女優の場合、個人事務所をかまえる人も少なくありません。最近では、雑誌モデルをステップに女優へと転身する人も増えています。

人気女優になれば、テレビや映画出演の依頼が殺到しますが、それはごく一部。才能と素質、さらにはチャンスに恵まれる運も必要です。

根強い人気がある宝塚音楽学校の入学資格は、入学年の4月1日現在満15歳以上18歳以下の女子となっています。

問い合わせ先／各芸能プロダクションや養成スクールなど。

 ## 書道講師

自宅で教室を開いたり、地域のサークルや会社などで、書道の指導にあたります。就学前の子供からお年寄り、さらには外国人と教える人の層は広く、個々人にあった指導が必要です。

公的な資格として、一般財団法人日本書写技能検定協会が行う毛筆書写技能検定があります。年3回行われ、受検資格の制限はありません。他にも各団体独自に、級や段を与え師範の免状を出しています。

週何回、何人の生徒を教えるかによって収入は異なります。展覧会などで賞を取り名前が知られると、一文字いくらと値段がつきます。

問い合わせ先／（一財）日本書写技能検定協会Tel.03-3988-3581

映画監督

古くは男性中心の映画業界でしたが、海外の映画賞で日本人女性の作品が賞を取るなど、女性の活躍が目立ってきました。

最近は、映像コンクールが増えて、助監督などの下積みを経験せずに監督になるケースも多く、ゲーム業界・コンピュータ業界出身の監督もいます。

映画監督になるには、実際に自分で撮影する機会を持ち、映画づくりのノウハウを学ぶことが必要。映画関係の学校には、アシスタント募集の求人が制作現場から数多く来るので、現場を経験する環境が整っています。

問い合わせ先／日本映画大学Tel.044-951-2511

楽譜制作者

音楽を演奏するのにかかせない楽譜。以前は、五線譜も音譜もすべて製図用具を使って、手書きで作成していました。しかし最近は、コンピュータに接続したシンセサイザーや電子ピアノのキーボードを弾くと、画面上に音譜が描かれるソフトが開発され、ほとんどの楽譜がコンピューターで作られるようになりました。

楽譜をつくるとき、生の音源から音をひろう人を採譜者といいます。インターネットの普及で、音源の受け渡しが簡単にできるようになり、記譜法や音楽理論に精通していれば、在宅の仕事も可能です。
問い合わせ先／楽譜制作会社や楽器店など。

 ## 作詞家

アーティストや作曲家が作ったメロディに言葉をのせるのが、作詞家の仕事です。曲のイメージにあった詞が要求されるため、ボキャブラリーの豊富さや言葉を使っての表現力が必要です。

作詞家になるルートは、レコード会社などが主宰する作詞家養成スクールなどで学びその会社の契約作詞家になる、公募で入選してフリーの作詞家になる、などがあります。

作詞家と呼ばれる人はたくさんいますが、その仕事だけで収入を得る人は非常に少数。エッセイなど、他の仕事も兼ねる人が多いようです。
問い合わせ先／各作詞家養成スクールなど。

 ## 作曲家

アーティストに曲を提供したり、テレビ番組などのバックミュージックの作成、インストゥルメンタルのCDやCM・ゲームミュージックなど、作曲家の活躍の場は多岐にわたります。

音楽系の大学や専門学校などで基礎から学んだり、独学で曲をつくる人もいますが、いずれにしても、ピアノやギターなどの楽器が弾けて、音楽に関する基礎知識を持つこと。プロとして活躍するためには、自分のデモテープを作って、レコード会社や音楽事務所に売り込んだり、コンテストなどに出品してチャンスをつかむ努力が必要です。
問い合わせ先／音楽系の大学・短大、専門学校など。

旅行・運輸・運送

Travel-Transport

総合旅行業務取扱管理者●地域限定旅行業務取扱管理者●国内旅行業務取扱管理者●
観光バスガイド●ツアー・コンダクター●客室乗務員●ホテルスタッフ●
自動車教習所指導員●自動車整備士●中古自動車査定士●パイロット●
タクシードライバー●トラック・バスドライバー

海外・国内旅行のための窓口エキスパート

総合旅行業務取扱管理者

就職までの ルートマップ

大学・短大等に通いながら、試験対策講座で勉強し資格を取得。あるいは、高校卒業後観光・旅行系の専門学校へ進学し、資格を取得。

↓

旅行会社・旅行代理店等へ就職。

💼 仕事の内容

　旅行業務取扱管理者は旅行業法に基づく国家資格で、総合・国内・地域限定の3種類があります。それぞれの資格の違いは、扱う旅行の範囲。総合旅行業務取扱管理者は国内・海外両方の旅行業務が扱えます。

　この資格がなければ旅行業務に就けないわけではありませんが、旅行会社の各営業所に1人以上の取扱管理者を置くことが義務づけられているため、旅行業界で働くには必須資格だと言われています。

　取扱管理者は、旅行者への取引条件の説明、契約書面の交付、苦情への適切な対処などの業務を営業所にて行います。

　なお、旅行会社は法的には次の5種類に分けられます。

Ａ．第1種旅行業…海外・国内の募集型企画旅行の計画実施が可能。旅行に関することはすべて扱える。

Ｂ．第2種旅行業…国内の募集型企画旅行の計画実施が可能。海外募集型企画旅行は受託販売、手配旅行に関しては国内・海外ともに可能。

Ｃ．第3種旅行業…募集型企画旅行は計画実施することはできないが、他社の受託販売や国内・海外の手配旅行を行うことが可能。また、実施する区域を限定し、

154

国内の募集型企画旅行の企画・実施が可能。

Ｄ．地域限定旅行業…実施する区域を限定し、国内の募集型企画旅行の企画・実施が可能。また、受注型企画旅行、手配旅行についても、募集型企画旅行が実施できる区域内で取り扱いが可能。

Ｅ．旅行業者代理業…Ａ～Ｄの会社の販売という位置づけ。Ｅのみは旅行会社（旅行業者）と区別して旅行代理店と呼ばれることが多い。

　総合旅行業務取扱管理者資格は、どの会社でも有効です。

資格の取り方

　一般社団法人日本旅行業協会が行う試験に合格しなければなりません。試験は年１回10月に実施されます。

　試験科目は次の４科目です。

①旅行業法及びこれに基づく命令。

②旅行業約款、運送約款及び宿泊約款。

③国内旅行実務（運送機関・宿泊施設等の料金、その他）。

④海外旅行実務（運送機関等の料金、旅券申請・通関・検疫等の手続き、為替管理、語学、その他）。

　なお、国内旅行業務取扱管理者有資格者、地域限定旅行業務取扱管理者有資格者は、試験科目の一部が免除になります。

　受験資格に制限はありません。

　令和４年度の試験結果は、全体では受験者5266名、合格者1662名、合格率31.6％でした。

収入

　就職先の各旅行会社、旅行代理店によって給与水準が異なります。また、取扱管理者資格を持っていれば、就職や資格手当、人事移動などで優遇されることがあります。

問い合わせ先

□ （一社）日本旅行業協会
　東京都千代田区霞が関3-3-3
　Tel.03-3592-1277

□ 国土交通省総合政策局
　東京都千代田区霞が関2-1-3
　Tel.03-5253-8111

❗ 地域限定旅行業務取扱管理者

　旅行業務取扱管理者の選任は、営業所の取り扱う旅行業務によって必要となる資格が異なりますが、地域限定旅行業務取扱管理者は国内の特定地域の旅行業務取扱のみ対応可能です。

　試験科目は、①旅行業法及びこれに基づく命令、②旅行業約款、運送約款（航空運送約款を除く）及び宿泊約款、③国内旅行実務（全国地理及び航空運送関係を除く）。受験資格に制限はありません。

問い合わせ先／観光庁参事官（旅行振興）
Tel.03-5253-8329

国内旅行業務に携わるならぜひ持っていたい

国内旅行業務取扱管理者

就職までのルートマップ

大学・短大等に通いながら、試験対策講座で勉強し資格を取得。あるいは、高校卒業後観光・旅行系の専門学校へ進学し、資格を取得。

↓

旅行会社・旅行代理店等へ就職。

仕事の内容

国土交通省は、旅行業者の資質の向上を図ることを目的に、旅行業務取扱管理者の試験を行っています。現在、旅行業者の各事業所ごとに、1人以上の旅行業務取扱管理者を置くことが義務づけられています。

旅行業務取扱管理者試験の合格者は、旅行者へのサービス業務の安全性、確実性を保障し、取引業務の公正を図るための管理、および監督として窓口業務の責任者となります。

旅行者がどういう所へ、何を目的に行きたいのか、きっちり把握した上でコースを考えたり、交通手段を調べ、手配、

見積もりをします。

実務処理能力かつ国内のさまざまな知識を豊富に持ち、旅行者のニーズに応えられるようにならなければなりません。

資格の取り方

一般社団法人全国旅行業協会が行う、国内旅行業務取扱管理者試験に合格しなくてはなりません。学歴、年齢、性別を問わず受験できます。

試験科目は、①旅行業法及びこれに基づく命令、②旅行業約款、運送約款及び宿泊約款、③国内旅行実務の3科目。

令和5年度の結果は、受験者数8960名に対して、合格者数3270名、うち女性の合格者は1305名でした。

収入

それぞれの営業所によって異なりますが、有資格者でないと責任者になれません。責任者になると一般従業員より給与面で優遇されます。

問い合わせ先

□ （一社）全国旅行業協会
東京都港区赤坂4-2-19
赤坂シャスターイーストビル3F
Tel.03-6277-8310

観光バスガイド

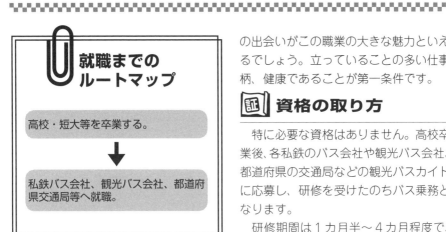

就職までのルートマップ

高校・短大等を卒業する。

↓

私鉄バス会社、観光バス会社、都道府県交通局等へ就職。

仕事の内容

各観光地を巡る観光バスに乗り、名所旧跡を案内し、その歴史的由来、伝統などを説明するのがおもな仕事です。また乗客の安全に注意し、運転手の補助業務を行うということも大切な仕事です。

旅行者が目的地に着くまで、飽きない快適な旅をおくってもらうのが仕事ですから、土地の説明ばかりではなく、余興に歌を歌ったりゲームをしたりすることもあります。これらは特に訓練するものではなく、先輩から聞いたり、自分で考え出していく必要があるため、努力が必要です。

楽しい旅をしてもらうために座の持たせ方、休ませ方も体で覚えなければならず、気もつかいますが、いろいろな人との出会いがこの職業の大きな魅力といえるでしょう。立っていることの多い仕事柄、健康であることが第一条件です。

資格の取り方

特に必要な資格はありません。高校卒業後、各私鉄のバス会社や観光バス会社、都道府県の交通局などの観光バスカイドに応募し、研修を受けたのちバス乗務となります。

研修期間は1カ月半〜4カ月程度で、この期間中にマイクの使い方、発声の仕方、話し方、楽しい旅をおくってもらう方法など、基本的なことを訓練します。

その後、簡単なコースから先輩バスガイドと一緒に乗務して、徐々にひとりで案内できるように各コースを覚えていくことになります。

収入

一般的な高卒の初任給は、16〜18万円程度。初期研修を終えると諸手当てを含めて、18〜20万円程度になります。

問い合わせ先

各私鉄バス会社人事課など。

157

ツアー・コンダクター

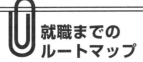

就職までのルートマップ

大学・短大・専門学校等を卒業して旅行会社・旅行代理店、または添乗員派遣会社へ就職する。

↓

実務経験を積んで「旅程管理主任者」資格を取得。

↓

実力があればフリーに。

仕事の内容

　一般にいう添乗員のことです。旅行代理店、航空会社などが主催する旅行に同行し、旅行者が快適に旅行できるよう身の回りの世話をします。

　この他、次の日の予定やホテル、乗物、昼食場所の確認など、旅行中の雑事すべてが仕事といっていいくらいで神経をつかいますが、旅行好きの人には魅力的な職業でしょう。

資格の取り方

旅程管理主任者（国内・総合）という資格が必要です。資格を取得するためには、国土交通大臣指定機関で研修を受けなければなりません。ただし、この研修を受けるためには、通常は旅行会社や添乗員派遣会社に入社して社内研修を受けておく必要があるので、まずは会社へ就職することが先決です。主任者研修受講後、アシスタントとして添乗実務を経験すれば資格が取得できます。

収入

　旅行会社、代理店に勤める場合は、会社の給与規定により異なりますが、初任給は平均して17万円程度、その他に添乗すると出張手当など諸手当がプラスされるのが普通です。フリーの場合は、ツアー・コンダクター派遣会社に登録して契約を結びますが、経験を積むと月収30万円前後は見込めます。

問い合わせ先

□ エアライン・鉄道・ホテル・テーマパーク専門学校東京
　東京都中野区東中野3-18-11
　Tel.0120-115-784

□ 東京観光専門学校
　東京都新宿区市谷田町3-21
　Tel.0120-676-006

華やかだがハードな仕事で責任は重い

客室乗務員

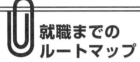

就職までのルートマップ

大学、短大、専門学校を卒業。在学中に英語の力をつけておくと採用試験の際有利に。

↓

航空会社に就職。年齢制限はあるものの既卒者の採用枠もある。

仕事の内容

客室乗務員の仕事は、大きく分けて機内サービスと保安業務になります。

機内サービスは飲み物や機内食などの提供をはじめ、乗客が快適に過ごせるように細やかな気配りが求められます。

保安業務とは、乗客に対して緊急時の案内やシートベルト着用の説明、急病人の応急対応、天候悪化時や機体トラブルなどが発生したときには乗客の安全を第一に考え、冷静に物事を判断しながら安全確保に力を注ぎます。

華やかなイメージの職業ですが、勤務時間や休日は不規則になりがちな上に、10時間以上のフライトなどもあり、立

って仕事をする時間が長いことから体力も必要です。

客室乗務員の呼び方は航空会社によってさまざまで、フライトアテンダントやキャビンアテンダント、キャビンクルーと呼ぶ会社もあります。

証 資格の取り方

航空会社が個別に採用試験の受験資格を設けています。学歴は高卒からの会社も一部にはありますが、多くの会社が大学・短大・専門学校卒業（見込含）となっています。

乗客は日本人だけと限りませんから、ある程度の英語力も必要になります。外資系の航空会社ならば、英会話ができることは必須条件。英語力を向上させる努力が必要です。

収入

国内大手の航空会社は初任給約19万円に乗務手当、諸手当がつきます。

客室乗務員の募集は、一時は契約社員がほとんどでしたが、近年は正社員での採用が増えています。

問い合わせ先

各航空会社の客室乗務員採用係へ。

宿泊客の満足を第一に考えるサービスの仕事

ホテルスタッフ

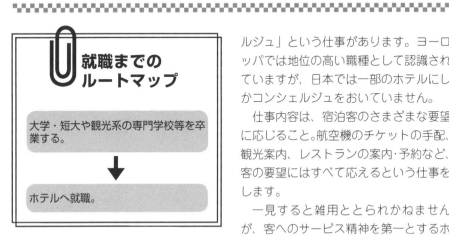

就職までの ルートマップ

大学・短大や観光系の専門学校等を卒業する。

↓

ホテルへ就職。

💼 仕事の内容

　ホテルの仕事は、大まかには経営管理部門とサービス部門に分けることができます。

　管理部門では、人事管理や経営管理、サービス内容の検討・改善、新サービス・イベント等の企画など裏方的な仕事を行います。

　サービス部門は、直接顧客に接する部門でフロント係や客室係、ブライダル・宴会場係、レストラン・調理部門等があります。フロント係はまさしく「ホテルの顔」ともいえ、チェックインやチェックアウト、滞在中の利用者へのさまざまなサービス（メッセージや郵便物の受渡し）などを行います。

　ホテル内の専門職の一つに「コンシェ

ルジュ」という仕事があります。ヨーロッパでは地位の高い職種として認識されていますが、日本では一部のホテルにしかコンシェルジュをおいていません。

　仕事内容は、宿泊客のさまざまな要望に応じること。航空機のチケットの手配、観光案内、レストランの案内・予約など、客の要望にはすべて応えるという仕事をします。

　一見すると雑用ととられかねませんが、客へのサービス精神を第一とするホテル業務の中核をなす仕事ともいえ、日本のホテルでもこれから重要視される専門職となるでしょう。

🗂 資格の取り方

　ホテルスタッフとして働くのに必須の資格はありませんが、関連資格としては厚生労働省所管の技能検定に一般社団法人日本ホテル・レストランサービス技能協会が行なう、「レストランサービス技能検定」があります。

収入

　各ホテルの給与規定によります。

問い合わせ先

各ホテルの人事課採用係へ。

自動車学校で車やバイクの運転・学科を教える

自動車教習所指導員

就職までのルートマップ

各自動車学校へ就職する（指導員採用・事務職採用・送迎バス運転手採用などいろいろな場合がある）。

↓

指導員養成の講習を受ける。

↓

都道府県公安委員会の行う教習指導員審査に合格し、指導員業務に就く。

 ## 仕事の内容

普通自動車、大型自動車、自動二輪車等の運転技術と道路交通法をはじめとする学科内容を教えることが、自動車学校の指導員の仕事です。

まったく運転のできない人に初歩から教えるのですから、特に路上教習などでは危険を伴う、責任の重い、精神的緊張を強いられる仕事です。

指導員に求められる資質は「運転がうまい、テクニックがある」という面よりも、「教えるのが好き」「忍耐力がある」といった精神面の方が大きいといえます。運転は上手に越したことはありませんが、自動車学校の募集の際には免許を持っていること以外には、運転技術に関する条件をつけられることは少ないようです。

証 資格の取り方

教習指導員審査を受験するためには、①21歳以上、②該当免許の保持、その他、一定の条件を満たしていることが必要になります。

教習所に入社した後、研修・養成期間を経て資格審査に合格すれば、指導員としての仕事に就くことができます。

指導員の上位資格として技能検定員という資格もあります。これは仮免や本試験の検定の合否をすることができる資格で、指導員としてのキャリアを何年か積んだ後に目指せる職種です。

 ## 収入

各教習所の給与規定によります。契約社員としての採用の場合もあります。

 ## 問い合わせ先

各自動車学校の採用課へ。

ドライバーを守る車のエキスパート

自動車整備士

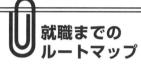

就職までのルートマップ

高校卒業後、整備士養成の専門学校へ進学する。

↓

実技試験が免除されるので、学科試験だけで資格が取得できる。

仕事の内容

　日本の自動車産業は世界最大の生産量を誇っています。自動車性能も飛躍的に向上しており、それにともなってメカニズムはより多様化・複雑化し、修理そのものも高度な知識と技術がなければ行えないのが現状です。このような傾向は、安全性の向上、省エネルギー、環境保全などの観点から今後ますます進むものと考えられます。

　以前は男性中心というイメージがあった自動車整備士。最近では女性の進出が徐々に増加している職業です。

資格の取り方

　国土交通省が実施する、自動車整備士技能検定試験（国家試験）に合格することが必要です。自動車整備士技能検定試験には1級、2級、3級および特殊整備士があり、それぞれの級に要求される技能のレベル、整備士の種類が14種あります。

〈受験資格〉

　各級ともに、学歴などに応じて実務経験が必要とされますが、指定を受けた職業訓練校や高等学校、専門学校などの自動車整備科の修了者は実務経験が必要とされません。また試験を受ける際も、実

技試験が免除されます。

　3級は実務経験を積むか指定を受けた高等学校等を卒業して受験するのが一般的です。

　2級の場合は、専門学校の卒業生と実務経験を積んだ3級取得者が受験する場合が一般的です。

　1級は2級合格後3年以上の実務経験、もしくは1級整備士養成課程修了者が受験可能です。

〈試験科目〉

　各級ともに学科試験と実技試験があります。（下記は2級の場合）

●学科試験

①構造、機能及び取扱法に関する一般知識

②点検、修理、調整及び完成検査の方法

③整備用の試験機、計量器及び工具の構造、機能及び取扱法に関する一般知識

④材料及び燃料油脂の性質及び用法に関する一般知識

⑤図面に関する初等知識

⑥保安基準その他の自動車の整備に関する法規

●実技試験

①基本工作

②点検、分解、組立、調整及び完成検査

③一般的な修理

④整備用の試験機、計量器及び工具の取扱

　また、一般社団法人日本自動車整備振興会連合会では「自動車整備技能登録試験」を年2回実施。この登録試験に合格すると、それに対応する国土交通省の検定試験が免除されます。

 収入

　勤務先によって異なりますが、専門学校を卒業して就職した場合の初任給は18万円程度 。

┌─────────────────────────────┐
│ ❓ **問い合わせ先** │
│ □ 国土交通省自動車局整備課 │
│ 　東京都千代田区霞が関2-1-3 │
│ 　Tel.03-5253-8111 │
│ □ （一社）日本自動車整備振興会連合会 │
│ 　東京都港区六本木6-10-1-17F │
│ 　Tel.03-3404-6141 │
│ 各地方運輸局整備部整備課または陸運支局整備課。 │
└─────────────────────────────┘

 中古自動車査定士

　中古車は使用状況によって、1台1台状態が違います。その車を自動車販売店などが下取りするとき、価格査定をするのが中古自動車査定士です。

　一般財団法人日本自動車査定協会では、中古自動車査定士技能検定試験を実施しています。

　受験資格は、協会所定の3日間の研修またはeラーニングを修了した者。試験は、学科試験と実技試験があります。

問い合わせ先／（一財）日本自動車査定協会 Tel.03-5776-0901

163

パイロット

就職までのルートマップ

①航空大学校入試に合格し、2年間の研修を修了して卒業。

↓

各航空会社へ就職。

②航空会社のパイロット養成試験に合格して、入社。

↓

2年～5年ほどの研修を受け、卒業後パイロットとして勤務。

仕事の内容

パイロットとは、大型旅客機や小型運送用航空機、ヘリコプター等を操縦するプロの名称です。定期便旅客機の女性パイロットは非常に少なく、数名にすぎません。

旅客便の操縦士になるには、一般的には次のルートがあります。

航空大学校を卒業して航空会社に入社。各航空会社は毎年航空大学校から新卒採用を行っていますから、これがいちばん確実な方法です。また、パイロット養成の2年または4年制の専門学校もあります。

各航空会社のパイロット養成試験に合格する方法。これは募集人数も少なく、定期的には行われてはおりません。

証 資格の取り方

航空機の操縦に携わる免許は、大別すると次の3つがあります。

①定期運送用操縦士（大型旅客機など）、②事業用操縦士（ヘリコプターや小型飛行機など）、③自家用操縦士（アマチュアライセンス）。

いずれにせよプロのパイロットを目指す場合は、長時間の実技教習を受けて免許を取得します。民間のパイロットスクールもありますが、莫大な費用がかかります。

収入

なるのが大変むずかしい職業だけに、かなりの高給が保証されます。

問い合わせ先

各航空会社へ。

比較的時間の融通がきく

タクシードライバー

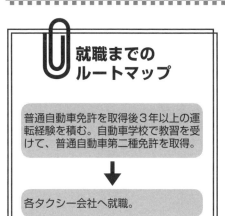

就職までのルートマップ

普通自動車免許を取得後3年以上の運転経験を積む。自動車学校で教習を受けて、普通自動車第二種免許を取得。

↓

各タクシー会社へ就職。

仕事の内容

近年女性のタクシードライバーが増えています。深夜労働に関する規制が緩和されたり、また女性ならではのていねいで安全な運転や接客態度の良さが、サービス向上につながると考えて、女性ドライバーの採用を積極的に行うタクシー会社が増えてきました。

資格の取り方

まず、第一種免許の普通自動車運転免許を取得することが必要です。これは、自家用で路上を運転するときに必要なので、一般にいわれる自動車運転免許です。タクシーなど営業用で旅客を運送する目的の場合はさらに、普通自動車第二種免許が必要になります。

普通自動車第二種免許の受験資格には、年齢21歳以上、普通免許を取得後3年以上の運転経験が必要になります。普通免許と同じように、教習所に通って取得するのが一般的な方法です。また2022年より、19歳以上で普通免許等の免許を所持し、その期間が1年を超えている者で受験資格特例教習を修了していることでも取得が可能になりました。

試験は学科試験と運転技能試験と適性試験があり、合格後講習を受けて免許の交付となります。

タクシードライバーとして働くには、運転技術はもちろんのこと、道路に精通していることも必要。会社の地区によっては地理試験を課すところもあります。

収入

勤務先や経験などにより異なってきます。完全歩合給の会社もあれば、月給賃金の一部が固定給で賞与もある会社もあります。いずれにしても、利用者がたくさんあれば収入もあがるので、勤務地に左右されるといえます。

問い合わせ先

各タクシー会社など。

トラック・バスドライバー

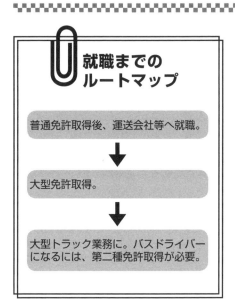

就職までのルートマップ

普通免許取得後、運送会社等へ就職。

↓

大型免許取得。

↓

大型トラック業務に。バスドライバーになるには、第二種免許取得が必要。

仕事の内容

　トラックドライバーは、各種のトラックを運転し、品物を搬送するのが仕事です。搬送する品物により、扱うトラックの種類もさまざま。街中でよく見かけるハコ型のトラックをはじめ、大型で荷台の屋根が両翼のように開くウイング型、土砂や砂利を運ぶダンプ、駆動車両と積載車両が分かれたトレーラー、石油・アルコール類などを積むタンクローリー、と用途に合わせたさまざまな種類のトラックがあります。

　バスドライバーは、定期運行バス（長距離バス・路線バス等）や観光バスなどの運転をします。

資格の取り方

　トラックドライバーになるには、普通免許、準中型免許、中型免許、大型免許のいずれかが必要です。

　免許によって運転できるトラックの大きさが限られており、普通免許では車体総重量3.5ｔ未満・最大積載量２ｔ未満・乗車定員11人未満の車が運転できます（上記は平成29年３月より施行。それ以前に普通免許取得の場合は、車体総重量５ｔ未満・最大積載量３ｔ未満・乗車定員11人未満の車の運転が可能）。

　バスドライバーの場合、大型または中型などの免許に加えてそれぞれの第二種免許が必要になります。

収入

　厚生労働省の調査によると、女性大型トラック運転手の平均年収は330万円前後、女性バス運転手の平均年収は380万円前後となっています。

問い合わせ先

運送会社やバス会社へ。

166

No.9

医 療

Medical Treatment

医師●歯科医師●看護師●保健師●助産師●薬剤師●臨床検査技師●診療放射線技師●
理学療法士●作業療法士●歯科技工士●歯科衛生士●整体師・カイロプラクター●
視能訓練士●はり・きゅう師●あん摩・マッサージ・指圧師●柔道整復師●医療事務●
臨床工学技士●救急救命士●義肢装具士●言語聴覚士●精神保健福祉士（PSW）●
医療ソーシャルワーカー（MSW）

医師

就職までのルートマップ

高校卒業後、医科大学・大学医学部（6年制）に進学する。

⬇

医師国家試験に合格する。（試験は例年2月。通常は卒業時に受験する）

⬇

大学病院、総合病院等へ就職。卒業大学の系列病院に研修医として1〜2年勤務することが多い。

 仕事の内容

医師は、人々が健康な状態で生活がおくれるよう診察や治療を行い、病気予防や療養の方法を指導します。

就業形態は独立開業のいわゆる町医者と、総合病院などに勤める勤務医に分けられます。開業医ともなればそれなりの総合力が求められますが、精密な検査を要するときなどは専門医のいる設備の整った総合病院などを紹介することになります。

また新しい傾向としては、地域の開業医たちが患者のデータをパソコン上で共有し、互いを補い合いながら連携して医療にあたるという方式がとられはじめてもいます。

📇 資格の取り方

大学の医学部（6年間）を卒業して医師国家試験に合格することが必要です。

令和5年実施の国家試験結果は、受験者1万293名のうち合格者は9432名で、合格率は91.6%でした。

 収入

他の医療職よりもワンランク上の収入が得られます。民間の医療機関では勤務先により違いますが、国公立の医療機関では、定められた給与規定があり、各都道府県内では一定しています。たとえば、東京都の都立病院に就職した場合の初任給は23万9800円で、これに調整手当等がつきます。

📍 問い合わせ先

☐ 厚生労働省医政局医事課
　東京都千代田区霞が関1-2-2
　Tel.03-5253-1111
その他、厚生労働省各地方医務局。

歯の健康を見守り、体の健康をサポート

歯科医師

就職までのルートマップ

高校卒業後、歯科大学・大学歯学部（6年制）に進学する。

↓

歯科医師国家試験に合格する。（試験は例年2月。通常は卒業時に受験する）

↓

大学病院・総合病院の口腔外科や歯科医院などへ就職。

仕事の内容

歯とその周辺の病気の予防と治療を行うのが歯科医師です。歯科医師が行う歯科医療とは、歯、がく（あご）、口腔の状態を診察し、①抜歯、②充てん（歯に薬などを詰めること）、③洗浄、④補てん、⑤歯並びの矯正、⑥歯ぎん（歯ぐき）の病組織の措置、⑦がくや口腔の外科手術、⑧入れ歯の型取り、⑨加工（注射やレントゲン撮影もすることがある）などです。

歯やあごを中心とした口の中の状態が悪くなる原因は外科的要素ばかりでなく、内科的要素も含まれるため、直接内科的な治療を施すことはなくとも、その知識は要求されます。

現役歯科医師の大半は開業医となっており、病院などに勤務している人の割合は比較的少ないようです。

資格の取り方

大学の歯学部（6年間）を卒業して歯科医師国家試験に合格する必要があります。

令和5年実施の国家試験結果は、受験者3157名のうち、合格者は2006名で、合格率は63.5%でした。

収入

公立の医療機関では、各都道府県の給与規定にしたがいます。東京都の都立病院に就職した場合の初任給は23万9800円で、これに調整手当等がつきます。

問い合わせ先

□ 厚生労働省医政局医事課
　東京都千代田区霞が関1-2-2
　Tel.03-5253-1111
その他、厚生労働省各地方医務局。

労働条件改善により働きやすい職場が増加

看護師

就職までのルートマップ

高校卒業後、看護学校（3年）または看護大学（4年）に進学。（中学または高校→准看護学校→看護学校2年課程というルートもある）

看護師国家試験に合格する。

病院、医院等へ就職。

🧳 仕事の内容

診察の補助および患者の療養上の世話がおもな仕事です。「奉仕」や「献身」といったイメージが先行しますが、医師を中心とした医療スタッフの一員として、高度な知識と技術が求められます。

勤務する病院によってはかなりのハードワークになることもあります。入院施設が整っている病院などでは、三交代制で日曜祝日関係なく勤務することも。そのため、結婚後仕事を続けることがむずかしい場合もあったようですが、最近は院内に保育施設を整え、看護師にとって働きやすい環境をつくる病院も出てきました。

女性の特性を生かせる、昔から人気の高い職業です。

証 資格の取り方

厚生労働大臣が行う看護師国家試験に合格することが必要です。試験科目は筆記試験のみで、基礎看護学、在宅看護論、成人看護学、老年看護学、小児看護学など11科目です。毎年2月に行われます。
〈受験資格〉

国家試験の受験資格は、「高校卒業後看護師養成機関で3年以上看護師になるために必要な学科を修めた者」とされて

います。

養成機関には、4年制大学、専門学校（3年制）や短期大学（3年制）などがあります。

令和5年実施の国家試験結果は、受験者6万4051名、合格者5万8152名、合格率90.8％でした。

なお、看護師とは別に「准看護師」という資格もあり、2年制の准看護学校を卒業して都道府県知事の行う資格試験に合格すれば准看護師の免許を得ることができます。そして、准看護学校卒業または免許取得後に2年制の看護師養成機関で勉強すれば、看護師国家試験の受験資格が得られます。

 収入

東京都の都立病院に勤務した場合（短大3年卒・専門3年卒）、初任給は18万8500円で、これに調整手当等がつきます。

問い合わせ先

☐ 厚生労働省医政局医事課
　東京都千代田区霞が関1-2-2
　Tel.03-5253-1111

 看護系資格取得のルートマップ

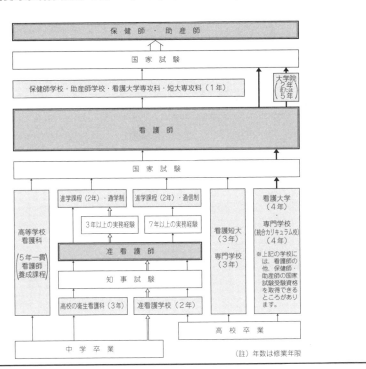

（註）年数は修業年限

171

地域住民の保健指導や健康管理に従事

保健師

就職までの ルートマップ

①高校→看護学校（3年）→保健師学校（1年）、②高校→看護大学（4年：所定の単位を修得）など。

↓

保健師国家試験に合格する。

↓

保健所や市町村の保健部門、病院・診療所などへ就職。

 仕事の内容

おもに保健所、市町村役場で、地域住民の健康管理、保健指導を行ったり、個々の家庭を訪問して保育、療養生活などの指導をするのが仕事です。

保健所では、乳幼児の検診、成人病検診の他、各種の健康診断などを行います。また届出のあった結核患者、未熟児のいる家庭などに対しても個別訪問を行うなどして看護の仕方、療養生活の指導をします。市町村役場でも、衛生課、民生課などに所属して、地域住民の健康生活維

持のために働きます。

資格の取り方

保健師国家試験に合格することが必要です。保健師養成所（入学資格を看護師免許保持者・看護学校卒業見込者とする1年制の学校）または看護大学、大学院、専門学校等で所定の単位を修得すると、国家試験の受験資格が得られます。

近年、1年制の保健師学校はほとんどが閉校となり、保健師養成は大学または大学院が行う流れへとなりつつあります。

令和5年実施の国家試験結果は、受験者8085名、合格者7579名、合格率93.7％でした。

 収入

保健所や公立の病院に勤める場合は、公務員となるので自治体の給与規定に準じます。東京都の場合、4年制大学卒業での採用は19万5300円に調整手当等がつきます。

問い合わせ先

☐ 厚生労働省医政局医事課
　東京都千代田区霞が関1-2-2
　Tel.03-5253-1111
または都道府県の衛生部（局）。

母子保健の指導や妊産婦の相談相手

助産師

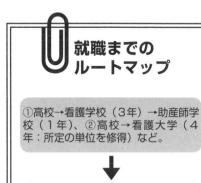

就職までのルートマップ

①高校→看護学校（3年）→助産師学校（1年）、②高校→看護大学（4年：所定の単位を修得）など。

↓

助産師国家試験に合格する。

↓

産婦人科病院や助産院へ就職。

 ## 仕事の内容

　産婦・妊婦・じょく婦、新生児の保健指導が仕事です。妊婦から産じょくまでの全過程を通じ、妊産婦の相談相手となり、医学的な観察や指導を行います。

　専門的な処置、診療は医師に頼るところが多いのですが、助産師本来の姿である「地域の中での母性指導」の面が見直される傾向にあり、助産師の需要も年々高まっています。

　かつて助産師は「産婆」と呼ばれ、高齢の方が多かったのですが、資格取得ルートの確立により若い助産師が増えています。

資格の取り方

　助産師国家試験に合格することが必要です。助産師養成所（入学資格を看護師免許保持者・看護学校卒業見込者とする1年制の学校）または看護大学、大学院、専門学校等で所定の単位を修得すると、国家試験の受験資格が得られます。

　令和5年実施の国家試験結果は、受験者2067名、合格者1977名、合格率95.6％でした。

　男性の助産師を認めようという意見もありますが、現在は女性しか就けない職業です。

 ## 収入

　東京都の都立病院に勤務した場合、4年制大学卒業での採用は19万5300円に調整手当等がつきます。

　助産師の大半は、総合病院や産科のある開業医に勤務しています。

問い合わせ先

□ 厚生労働省医政局医事課
　東京都千代田区霞が関1-2-2
　Tel.03-5253-1111
または都道府県の衛生部（局）。

薬剤師

就職までのルートマップ

高校卒業後、薬科大学・大学薬学部（6年制）へ進学する。

↓

薬剤師国家試験に合格する。（試験は例年2月。通常は卒業時に受験する）

↓

病院や薬局、薬品メーカー、化粧品メーカーなどへ就職。国家・地方公務員試験で専門職を受験する道もある。

現在では医薬分業が推進されており、病院では処方せんを発行し、外部の調剤薬局がそれに基づき調剤し薬を患者に提供するようになってきています。

調剤薬局では患者個々の体質や投薬データが蓄積され、患者に対して最適最良の施薬ができるようになっています。

 ## 資格の取り方

薬科大学・大学薬学部を卒業後、薬剤師国家試験に合格することが必要です。

令和5年実施の国家試験では、受験者1万3915名に対し合格者が9602名で、合格率は69.0%でした。

 ## 収入

公立の医療機関や衛生行政部門では、各都道府県の給与規定にしたがいます。東京都の初任給は20万8000円で、これに調整手当等がつきます。

仕事の内容

病院や薬局、診療所で医薬品の調剤を行うのが、薬剤師のおもな仕事です。

各医療機関においては、医師、歯科医師、獣医師の処方せんに基づいて、医療薬品を調剤・提供しています。

その他にも官公庁の衛生行政部門や医薬品販売業の管理薬剤師、毒物劇物取扱責任者など、医薬品や保健衛生面での専門家としてその活躍範囲は多方面に広がっています。

問い合わせ先

□ 厚生労働省医薬局総務課
東京都千代田区霞が関1-2-2
Tel.03-5253-1111

臨床検査技師

就職までのルートマップ

高校卒業後、専門学校・短大（3年）または大学（4年）の臨床検査技師養成課程へ進学する。

↓

臨床検査技師国家試験に合格する。

↓

病院、検査会社等へ就職。

 ## 仕事の内容

医師が疾病の診断・治療を行うためには、さまざまな検査データを必要とします。分業化と検査の高度化が進む医療分野の中で、臨床検査は重要な位置を占めています。

臨床検査技師の仕事は、検体検査と生理学的検査の2つに大きく分けられます。検体検査は、体液中の各種物質の濃度や働きを測定。がん細胞を検索する組織診断等もあります。生理検査とは、心電図、脳波、超音波検査などを指します。

証 資格の取り方

高校卒業後、臨床検査技師養成施設で3年間（大学は4年間）勉強し、さらに厚生労働大臣が行う臨床検査技師国家試験に合格することが必要です。

国家試験は例年2月に行われます。令和5年実施の試験結果は、受験者5002名、合格者3880名、合格率77.6％でした。

 ## 収入

就職先は大学病院や総合病院、民間の検査会社、国公立の研究・検査機関などがあります。

東京都の都立病院に勤務した場合、3年制短大卒業者の初任給は17万2800円で、これに調整手当等がつきます。

就業者に女性の占める割合が高く、女性にとって働きやすい環境は整っています。ただ、最近は人材が余剰ぎみで、求人状況は必ずしもよくはないようです。

問い合わせ先

□ 厚生労働省医政局医事課
東京都千代田区霞が関1-2-2
Tel.03-5253-1111

診療放射線技師

就職までのルートマップ

高校卒業後、専門学校・短大（3年）または大学（4年）の診療放射線技師養成課程へ進学する。

↓

診療放射線技師国家試験に合格する。

↓

病院等へ就職。

仕事の内容

放射線は人体に危険な影響を及ぼす可能性があるため、取り扱いには専門的な知識と高度な技術が必要です。人体に対して放射線を照射できるのは、診療放射線技師と医師、歯科医師だけに限られています。

診療放射線技師の仕事は、レントゲン（X線）やCTスキャン、放射線治療など放射線を使った検査・治療になります。その他にも、MRIや超音波検査、各検査で得た画像の解析、放射線施設の安全管理も仕事のひとつになります。また、移動X線診療車で巡回をして、地域住民のための健康診断を行ったりもします。

最近ではコンピューターを使った画像処理や検査なども増え、コンピューターの知識や技術も必要になってきています。

資格の取り方

高校卒業後、診療放射線技師養成施設（大学、3年制短大、3年制専門学校等）で勉強し、さらに厚生労働大臣が行う診療放射線技師国家試験に合格することが必要です。

国家試験は例年2月に行われます。令和5年実施の試験結果は、受験者3224名、合格者2805名、合格率87.0%でした。

収入

勤務先により異なりますが、東京都の都立病院の場合、初任給は短大卒者で17万2800円に調整手当等がつきます。

職場は、病院などの医療現場の他、放射線を扱う研究機関、大学、医療機器メーカーなどになります。

問い合わせ先

□ 厚生労働省医政局医事課
　東京都千代田区霞が関1-2-2
　Tel.03-5253-1111

物理・運動療法で社会復帰を手助け

理学療法士

就職までの
ルートマップ

高校卒業後、専門学校・短大（3年）
または大学（4年）等のリハビリテー
ション学校へ進学する。

↓

理学療法士国家試験に合格する。

↓

病院、リハビリテーションセンター、
福祉施設等へ就職する。

🧳 仕事の内容

医師の指示の下、物理療法、運動療法
などにより、身体に障害のある人の基本
的動作能力の回復をはかり、社会復帰を
促進するのが仕事です。

理学療法士はPhysical Therapist
（PT）とも呼ばれます。理学療法を必要
とする人たちひとりひとりの身体能力や
生活環境等を考慮しながら、動作の改善
のそれぞれの目標に向けて適切なプログ
ラムを作成します。

座る、立つ、歩くなどの基本動作能力

の回復や維持、悪化予防、自立した日常
生活が送れるようにサポートをする、医
学的リハビリテーションの専門家です。

資格の取り方

高校卒業後、理学療法士養成施設（大
学、3年制短大、3年制専門学校等）で
勉強し、さらに厚生労働大臣が行う理学
療法士国家試験に合格することが必要で
す。

試験は年1回、2月に行われます。令
和5年実施の国家試験結果は、受験者1
万2948名、合格者1万1312名、合格率
87.4％でした。

収入

東京都の医療機関に勤務する場合、3
年制短大卒業者の初任給は17万2800円
で、これに調整手当等がつきます。

就職先でおもなものは、整形外科を持
つ病院やリハビリテーションセンターで
すが、他に高齢者向けの病院や社会福祉
施設もあります。

📞 問い合わせ先

□ 厚生労働省医政局医事課
東京都千代田区霞が関1-2-2
Tel.03-5253-1111

作業療法士

就職までのルートマップ

高校卒業後、専門学校・短大（3年）または大学（4年）等のリハビリテーション学校へ進学する。

↓

作業療法士国家試験に合格する。

↓

病院、リハビリテーションセンター、障害者施設等へ就職する。

仕事の内容

作業療法士の仕事は、身体または精神に障害のある人に対し、日常生活の作業を組み合わせて行わせることで、社会復帰の手助けをします。

具体的には、工作、手芸、園芸、玩具操作などの作業を通じて、その訓練によって障害者の日常的動作能力、応用的動作能力を回復させていきます。

理学療法士同様、業務範囲が多元的なため、高度な知識と教育的資質が要求されます。

資格の取り方

高校卒業後、作業療法士養成施設（大学、3年制短大、3年制専門学校等）で勉強し、さらに厚生労働大臣が行う作業療法士国家試験に合格することが必要です。

試験は年1回2月に行われます。令和5年実施の試験結果は、受験者5719名、合格者4793名、合格率83.8％でした。

収入

東京都の医療機関に勤務する場合には、3年制短大卒業者の初任給は17万2800円で、これに調整手当等がつきます。

就職先としては、身体障害者施設や老人福祉施設、リハビリテーションセンター、心身障害児施設、病院などがあげられます。

高齢化や福祉施策の充実化で人材需要は増えており就職状況は好調です。

問い合わせ先

□ 厚生労働省医政局医事課
東京都千代田区霞が関1-2-2
Tel.03-5253-1111

精密で正確な知識と技術が必要

歯科技工士

就職までのルートマップ

高校卒業後、専門学校・短大・大学等の歯科技工士養成校へ進学する。

↓

歯科技工士国家試験に合格する。

↓

歯科技工所、歯科医院、医療機器メーカー等へ就職する。

 仕事の内容

従来歯科技工士の仕事は、歯科医師の補助的存在と考えられていましたが、歯科医学のめざましい向上と発達により、重要な位置を占めるようになりました。

義歯、金冠、充填物または矯正装置の作製や修理・加工などを歯科医師の指示書により行うのがおもな仕事。最近では歯並びや歯の形、色などの審美的な要求なども増えてきており、新しい素材や技術に対して知識を取り込んでいく姿勢も必要です。

歯科医師が型取りや指示書を作成し、それをもとに歯科技工士が作成。作られたものを患者にぴったりと合うように、歯科医師が微調整を行います。

歯科医師と歯科技工士との分業化はますます進んでおり、独立した職業として歯科技工士の地位は確立されています。

証 資格の取り方

高校卒業後、専門学校・短大・大学などの歯科技工士養成施設で勉強し、さらに厚生労働大臣が定める歯科技工士国家試験に合格することが必要です。

令和5年実施の国家試験結果は、受験者数904名、合格者数820名、合格率90.7%でした。

収入

東京都の医療機関に勤務する場合には、2年制短大卒業者の初任給は16万7100円で、これに調整手当等がつきます。

問い合わせ先

□ (一財)歯科医療振興財団
　東京都千代田区九段北4-1-20
　Tel.03-3262-3381

歯科衛生士

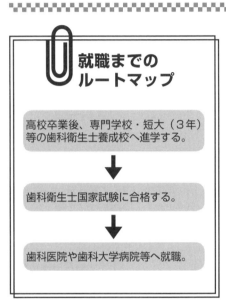

就職までのルートマップ

高校卒業後、専門学校・短大（3年）等の歯科衛生士養成校へ進学する。

↓

歯科衛生士国家試験に合格する。

↓

歯科医院や歯科大学病院等へ就職。

仕事の内容

歯科衛生士は、おもに歯牙および口腔の疾患の予防にあたり、歯牙の露出した所や、歯ぐきの汚れを機械的操作によって取り除いたり、薬物を必要に応じて塗布などして、歯科診療の補助を行うのが仕事となります。

勤務時間からすると、一般の看護師よりも短いといえますが、歯科診療に関する専門知識はもちろんのこと、手先の器用さや繊細な心遣い、機敏な行動力も要求されます。実際に患者の口腔へバキュームひとつさし込むにも、患者に苦痛を感じさせずに行うことはむずかしいものです。

法制上は女性に限定された資格ではありませんが、養成校が入学者を女性に限っているところがほとんどのため、現状では男性はごくわずかです。

資格の取り方

高校卒業後、指定養成校（専門学校・短大等）に進学します。

養成校卒業時に国家試験を受け、合格すれば歯科衛生士資格取得となります。

令和5年3月の国家試験結果は、受験者数7470名、合格者数6950名、合格率は93.0％でした。

収入

東京都の医療機関に勤務した場合には、3年制短大卒業者の初任給は17万2800円で、これに調整手当等がつきます。

問い合わせ先

□（一財）歯科医療振興財団
　東京都千代田区九段北4-1-20
　Tel.03-3262-3381

手技により自然治癒力を高め健康を回復する

整体師・カイロプラクター

就職までのルートマップ

各種の養成施設（1〜3年）で技術を修得する。

↓

民間の施術院へ就職。養成施設系列の施術院に勤めることが多い。独立開業の道もある。

仕事の内容

整体とは、脊椎の構造的異常（ずれや歪み）を独特の手技によって正し、人間の身体の神経系統のバランス回復をはかり、健康を維持・回復させる治療法です。

また整体とは別に、一般的にカイロプラクティックと呼ばれている、独特の技術による治療法があります。カイロプラクティックの特徴は薬、注射、手術などに頼らず「神経生理機能」を回復させることに主眼を置いた治療法であること、人間が本来備えている「自然治癒力」によって病気を根本的に治すという考え方にあります。

矯正治療の実際は、手による瞬間的押圧操作によって骨のずれ、ねじれを正常な状態に戻すという方法がとられます。単なる力ではなく、独特のテクニックによって行うものですから、女性にも十分にできる仕事です。

資格の取り方

アメリカではカイロプラクティックドクターが国家資格として認められており、医療の一分野として確立していますが、日本ではまだ国家資格にはなっていません。現状では整体もカイロプラクティックも、各種の民間団体が独自の資格を発行しています。

整体師・カイロプラクターになるには、2年間程度の養成機関で勉強するのが一般的です。その後、整体院やカイロプラクティック施術院などで経験を積み、独立開業を目指す人もいます。

問い合わせ先

☐ 東京療術学院
　東京都渋谷区幡ヶ谷2-14-3
　Tel.0120-017-146

☐ 日本カイロプラクティックドクター専門学院
　東京都新宿区高田馬場4-4-34
　ARSビルディング
　Tel.0120-428-552

視能訓練士

就職までのルートマップ

高校卒業後、専門学校・短大（3年）または大学（4年）等の視能訓練士学校へ進学する。

↓

視能訓練士国家試験に合格する。

↓

大学病院・総合病院等へ就職。

仕事の内容

　両眼視機能に障害のある人に対して、矯正訓練、光学検査機器など専門的な医療技術を用いて、機能の回復をはかるのが視能訓練士の仕事です。また、高齢者など視力低下者に対して、リハビリ指導や補助具の選定、指導なども行います。

　以前は、斜視、弱視の回復を目的とした仕事が中心でしたが、現在では眼科一般の視機能検査へと、業務も活躍の場も広がっています。

　職場は、大学病院や総合病院、診療所、リハビリ施設などの眼科になります。

資格の取り方

　認可を受けた視能訓練士養成学校で勉強した後に、厚生労働大臣が行う視能訓練士国家試験に合格することが必要です。

　視能訓練士養成学校は、1年制と3年制（大学・夜間は4年制）があります。

　1年制の学校の入学資格は、大学・短期大学を卒業もしくは2年以上修業した者、保育士または看護師養成校で2年以上修業した者。かつ指定科目を履修した者となっています。

　令和5年実施の国家試験結果は、受験者数943名、合格者数842名、合格率89.3％でした。

収入

　東京都の都立病院の場合、3年制の学校卒業者の初任給は17万2800円で、これに調整手当等がつきます。

問い合わせ先

□ 厚生労働省医政局医事課
　東京都千代田区霞が関1-2-2
　Tel.03-5253-1111
その他、各養成所へ問い合わせください。

資格制度が確立されている東洋的療法

はり・きゅう師

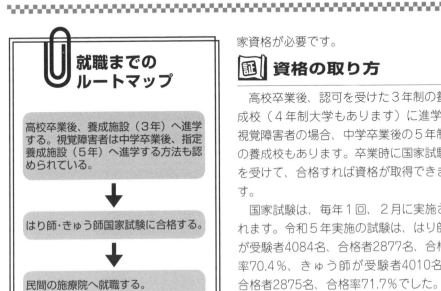

就職までのルートマップ

高校卒業後、養成施設（3年）へ進学する。視覚障害者は中学卒業後、指定養成施設（5年）へ進学する方法も認められている。

↓

はり師・きゅう師国家試験に合格する。

↓

民間の施療院へ就職する。

仕事の内容

　「はり」とは東洋的療法に属し、金・銀・鉄などの針によって人体の患部に刺激を加え、血管に収縮作用を起こさせ、筋肉をやわらげたり、神経興奮をしずめたり、苦痛を緩和する療法です。

　一方「きゅう」とは、もぐさを人体の患部や局部に置いて、それに火をつけて焼き、その熱気によって身体の回復をはかる療法です。

　医師以外のものがこれらの療法を行い職業とする場合、はり師、きゅう師の国家資格が必要です。

資格の取り方

　高校卒業後、認可を受けた3年制の養成校（4年制大学もあります）に進学。視覚障害者の場合、中学卒業後の5年制の養成校もあります。卒業時に国家試験を受けて、合格すれば資格が取得できます。

　国家試験は、毎年1回、2月に実施されます。令和5年実施の試験は、はり師が受験者4084名、合格者2877名、合格率70.4％、きゅう師が受験者4010名、合格者2875名、合格率71.7％でした。

収入

　地域や勤務する治療院により多少差がありますが、初習者で14〜16万円前後になります。

問い合わせ先

□（公財）東洋療法研修試験財団
　東京都台東区上野7-6-5　VORT上野Ⅱ6F
　Tel.03-5811-1666

□ 厚生労働省医政局医事課
　東京都千代田区霞が関1-2-2
　Tel.03-5253-1111
その他、各都道府県衛生局医務課

あん摩・マッサージ・指圧師

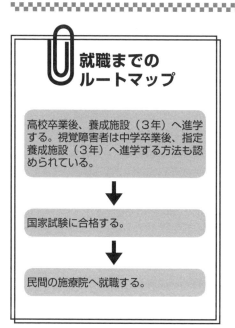

就職までのルートマップ

高校卒業後、養成施設（3年）へ進学する。視覚障害者は中学卒業後、指定養成施設（3年）へ進学する方法も認められている。

↓

国家試験に合格する。

↓

民間の施療院へ就職する。

💼 仕事の内容

あん摩、マッサージ、指圧の手技三法は、一般にあん摩術と総称され、はり・きゅう、柔道整復とともに資格制度が設けられ、専門的職業として社会的にも確立されています。

人体の各部をおし、ひき、もみ、なで、さすり、たたく、などの施術により、疾病の治療や予防を行います。

職場としては、民間の施療院や病院・医院などがあげられます。また、最近では一般企業に「ヘルスキーパー」という職名で就職し、社員向けの施療を行うという就業形態も見られるようになってきています。

証 資格の取り方

高校卒業後、認可を受けた3年制の養成校（4年制大学もあります）に進学。視覚障害者の場合、中学卒業後の3年制の養成校もあります。

卒業時に国家試験を受けて、合格すれば資格が取得できます。

国家試験は毎年1回、2月に実施されます。令和5年実施の試験結果は、受験者1296名、合格者1148名、合格率88.6％でした。

収入

民間の病院、施療院に勤務の場合は、各職場により多少の差はありますが、初任給が14〜20万円くらいです。

📌 問い合わせ先

□ （公財）東洋療法研修試験財団
　東京都台東区上野7-6-5　VORT上野Ⅱ6F
　Tel.03-5811-1666

□ 厚生労働省医政局医事課
　東京都千代田区霞が関1-2-2
　Tel.03-5253-1111
その他、各都道府県衛生医務課

骨折、打撲、捻挫などに施術

柔道整復師

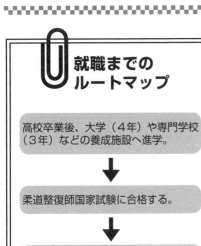

就職までのルートマップ

高校卒業後、大学（4年）や専門学校（3年）などの養成施設へ進学。

↓

柔道整復師国家試験に合格する。

↓

民間の接骨院等に就職する。

仕事の内容

柔道整復術は日本古来の医術のひとつとして伝承され、この技術に東洋や西洋の医学技術が織り成されて発展向上を遂げました。

柔道整復師は、打撲、捻挫、挫傷、骨折、脱臼などの損傷に対して、手術をしない独特の手技によって整復・固定・後療などを行います。

以前は、柔道教師が柔道整復師を兼ねることが普通でしたが、現在は養成校で学び資格を取得するのが一般的なため、女性の希望者が増えています。

資格の取り方

高校卒業後、柔道整復師養成校として指定を受けている学校（3年制の専門学校・4年制の大学など）へ進学します。

授業で柔道の実技が必須科目となるために、入試の際に柔道有段者には実技試験が課せられることもあります。ただし、ほとんどの学校が柔道の未経験者・初心者でも入学可能です。

養成校卒業時に国家試験を受験し、合格すると資格が取得できます。

国家試験は年1回、3月に行われます。令和5年実施の国家試験結果は、受験者数4521名、合格者2244名で合格率は49.6%でした。

収入

民間の接骨院では、月収17万円以上です。

問い合わせ先

☐ （公財）柔道整復研修試験財団
東京都港区西新橋1-11-4　日土地西新橋ビル6F
Tel.03-6205-4731

☐ 厚生労働省医政局医事課
東京都千代田区霞が関1-2-2
Tel.03-5253-1111

医療事務

就職までのルートマップ

高校卒業後、医療事務専門学校へ進学または通信講座を受講。（専門の学校を出なくても就職できる場合もある）

↓

病院・医院などの医療機関に就職。

仕事の内容

　私たちが病院にかかったとき、健康保険制度により診療費の一部を窓口で直接支払い、残りは病医院がひとりひとりについて請求書をつくり、市町村などに請求して支払いを受けます。

　診療費の計算や請求書（レセプト。正しくは診療報酬明細書）の作成方法は健康保険法によって細かく定められており、正確に処理されなければなりません。レセプトは、毎月患者1人につき1枚ずつ作成しなければならず、しかも月末から提出まで10日しかないため、短期間で処理をしなければなりません。このレセプト作成などを行うのが医療事務職です。

 ## 資格の取り方

　国家資格はありませんが、各種の団体が認定している民間の資格があります。民間の資格を取る場合、資格者養成の指定機関に入るか通信教育で一定期間勉強する必要があります。

　年齢、性別は問いませんが、高卒程度の学歴と、事務的能力のある人が審査試験の合格率が高いようです。

収入

　勤務方法などにより異なりますが、一定の仕事を確保できれば、熟練者なら1週間で4万〜5万円の収入が可能です。

　患者数の多い病院は、レセプト作成業務と窓口受付業務を分けていますが、小さな病院では両方の業務を兼ねて医療事務として採用されることもあります。

問い合わせ先

□ 日本医療事務協会
　東京都新宿区西新宿1-23-7
　新宿ファーストウェスト7F
　Tel.0120-39-8653

□ （公財）日本医療保険事務協会
　東京都千代田区内外田2-5-3　児谷ビル
　Tel.03-3252-3811

医療の最先端分野を担う責任ある仕事

臨床工学技士

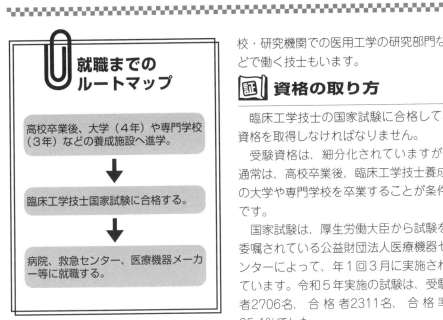

就職までのルートマップ

高校卒業後、大学（4年）や専門学校（3年）などの養成施設へ進学。

↓

臨床工学技士国家試験に合格する。

↓

病院、救急センター、医療機器メーカー等に就職する。

仕事の内容

　臨床工学技士は、人工呼吸器や人工透析装置、人工心肺装置など各種の生命維持管理装置の操作や保守点検にあたる仕事をします。

　仕事で直面する状況が、患者の生死のはざまという深刻な状態であるため、臨床工学技士には、強い責任感と、医学・工学両面にわたる高度な専門知識が要求されます。

　職場としては、病院や救急センターなど医療現場が第一にあげられます。その他、医療機器メーカーの開発部門や、学校・研究機関での医用工学の研究部門などで働く技士もいます。

資格の取り方

　臨床工学技士の国家試験に合格して、資格を取得しなければなりません。

　受験資格は、細分化されていますが、通常は、高校卒業後、臨床工学技士養成の大学や専門学校を卒業することが条件です。

　国家試験は、厚生労働大臣から試験を委嘱されている公益財団法人医療機器センターによって、年1回3月に実施されています。令和5年実施の試験は、受験者2706名、合格者2311名、合格率85.4％でした。

収入

　勤務先の病院や企業の給与規定にもよりますが、専門学校卒業者の初任給は、一般企業の短大卒業者採用の場合と同等か、少し多い程度とみてよいでしょう。

問い合わせ先

国家試験については
□（公財）医療機器センター
東京都文京区本郷1-28-34　本郷MKビル2F
Tel.03-3813-8531

救急医療最前線のスペシャリスト

救急救命士

就職までのルートマップ

高校卒業後、大学（4年）や専門学校（2年）などの養成施設へ進学。

↓

救急救命士国家試験に合格する。

↓

自治体の消防官採用試験に合格する。

💼 仕事の内容

　救急救命士とは、救急車などで傷病患者を病院などの診療機関に移送する際に、プレホスピタルケアとして患者の症状の悪化あるいは生命が危険な状態に陥るのを防ぐ救急救命処置を、医師の指示にしたがって行うことのできる有資格者のことです。

　救急救命士の職場は、おもに消防署の救急隊になりますから、多くは公務員という立場です。

188

 資格の取り方

　救急救命士国家試験に合格すれば、資格が取得できます。

　国家試験の受験資格はさまざまですが、おおまかには、

①養成施設を卒業する。

②医科大学・看護師養成所で所定科目を履修する。

③消防署救急隊員として所定の実務経験を積む。

等となっています。

　令和5年実施の国家試験の結果は、受験者数3255名、合格者数3054名、合格率93.8％でした。

　救急救命士資格を活かせる職場は消防署の救急隊なので、資格取得後は各地の消防署の採用試験を受けなければなりません。採用試験の応募資格は、年齢制限等各自治体によって異なるので、国家試験受験や養成校入学の前に、よく調べておくことが必要です。また、病院で働く看護師なども救急救命士の資格を取る人が増えています。

📍 問い合わせ先

□（一財）日本救急医療財団
　東京都文京区湯島3-37-4
　HF湯島ビルディング7F
　Tel.03-3835-0099

飛躍的発展を遂げた医療技能職

義肢装具士

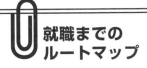

就職までの
ルートマップ

高校卒業後、大学（4年）や専門学校（3年）などの養成施設へ進学。

↓

義肢装具士国家試験に合格する。

↓

義肢装具製作会社、リハビリテーションセンター等へ就職する。

仕事の内容

　事故や病気で手や足などを失った人のために、医師の指示に基づいて、義手や義足などの採型、製作、適合を行う人を義肢装具士といいます。

　ひと昔前までは、義手・義足などの義肢のたぐいは装着感のよくないものも多かったのですが、科学の発展に伴い技術・技能が進歩し、素材も新たなものが開発され、身体への適合性の優れたものが登場するようになりました。

　義肢装具士は、整形外科や臨床医学、製図、材料学などにいたる専門的知識やリハビリテーションの知識をもとに、義肢装具を必要とする人たちに合うコルセットや義手・義足などを作り、その身体への適合性を図ります。

資格の取り方

　義肢装具士国家試験に合格し、厚生労働省に登録する必要があります。

　国家試験の受験資格は、高校卒業後文部科学大臣または厚生労働大臣が指定した義肢装具士の養成施設で3年以上修業した者とされています。

　令和5年実施の試験結果は、受験者200名、合格者162名で、合格率81.0％でした。

　就職先は民間義肢装具製作会社、医療機器メーカー、大学病院、整形外科病院、リハビリテーションセンターなどになります。

問い合わせ先

□ （公財）テクノエイド協会
　東京都新宿区神楽河岸1-1　セントラルプラザ4階
　Tel.03-3266-6880

□ 厚生労働省医政局医事課
　東京都千代田区霞が関1-2-2
　Tel.03-5253-1111

言語聴覚士

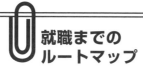

就職までのルートマップ

高校卒業後、養成施設へ進学する。あるいは、大学で指定科目（心理学・言語学系統）を履修する。

↓

言語聴覚士国家試験に合格する。

↓

病院やリハビリテーションセンター、障害者施設等へ就職する。

 仕事の内容

「言語聴覚士法」によれば、言語聴覚士の業務内容は、音声機能、言語機能または聴覚に障害がある人の機能の維持・向上を図るため、言語などの訓練や検査および助言、指導、その他の援助を行う、とされています。

言語障害には、小児の言語発達遅滞、老人に多く見られる脳疾患による失語症や構音障害、あるいは心理的な要因による発語障害など、さまざまな様相のものがあります。ですから、一律の治療法があるわけではなく、障害を負った人それぞれの個別ケースに合わせて、さまざまな手段を駆使して治療にあたらなければなりません。

 資格の取り方

資格がないとこの職業に就けないということはありませんが、1997年の法制化以来、国家資格取得が就職への一般的ルートになりつつあります。

国家試験の受験資格は多岐にわたりますが、主流は高校卒業後に指定を受けた言語聴覚士養成施設を卒業することです。指定養成施設は、4年制大学、3年制の専門学校などがあります。

その他には、大学で指定科目（医学・心理学・言語学系統）を履修したり、大学・短大卒業後指定養成施設で1年ないし2年指定科目を履修することなどが受験資格として認められています。

令和5年実施の国家試験結果は、受験者数2515名、合格者1696名、合格率67.4%でした。

問い合わせ先

国家試験については

□ （公財）医療研修推進財団
東京都港区西新橋1-6-11　西新橋光和ビル7F
Tel.03-3501-6515

精神障害者の生活上の相談・援助にあたる

精神保健福祉士（PSW）

就職までのルートマップ

福祉系大学や短大で指定科目を履修して卒業。

↓

国家試験受験・合格（短大は実務経験が必要）。

↓

病院、精神保健センター等へ勤務。

仕事の内容

精神保健福祉士（PSW：Psychiatric Social Worker）は、精神障害者が抱える社会復帰や日常生活などさまざまな問題について、家族を含めて相談・援助にあたる専門家です。

おもな職場は、精神病院や精神障害者生活訓練施設、精神障害者福祉ホーム、精神障害者福祉工場などになります。社会復帰のための支援、退院後の住居や就労先についての相談・援助、日常生活の訓練、医師や医療技術者との連絡・調整などを行います。

資格の取り方

資格がなければできない仕事ではありませんが、1998年に精神保健福祉士が国家資格となりました。

資格を取るには、国家試験を受験して合格しなければなりません。受験資格は多岐にわたりますが、いちばんの近道は保健・福祉系大学で指定科目を履修して卒業し、国家試験を受験する方法です。短大などの精神福祉士養成施設を卒業した場合は、実務経験が1年～2年課せられます。

国家試験は年1回、2月に実施されます。

令和5年実施の国家試験結果は、受験者数7024名、合格者数4996名、合格率約71.1％でした。

収入

勤務先の病院や施設、勤務状況によって、給与面でかなりの差がみられます。

問い合わせ先

□（公財）社会福祉振興・試験センター
東京都渋谷区渋谷1-5-6　SEMPOSビル
Tel.03-3486-7559

医療ソーシャルワーカー(MSW)

就職までのルートマップ

社会福祉士国家試験の受験資格が取れる福祉系大学を卒業する。一般大学の場合は卒業後1年養成施設に通う。

↓

社会福祉士国家試験に合格。

↓

病院や老人保健施設等に就職。

仕事の内容

病院等で働く医療ソーシャルワーカー(MSW：Medical social worker)は、患者のさまざまな相談に乗り、適切な助言や援助をする専門職です。

治療費の支払いや健康保険の手続き、退院後の生活、入院中の処遇の問題、福祉サービスの説明、役所等関連機関との連絡、精神的心理的な相談など、その仕事は多岐にわたります。

医療機関の中にあって、患者の生活向上のために社会福祉の観点からいろいろな支援をします。

資格の取り方

現状では医療ソーシャルワーカーの資格はありません。ただし、病院等がMSWとして求人を行う場合には、国家資格である社会福祉士資格（→P202）の保有者、あるいは社会福祉系大学卒業者に限定するところが多いようです。

また、医療機関の中でも精神科に関しては精神保健福祉士（PSW→P191）という国家資格があります。精神科のソーシャルワーカーになりたい場合にPSW資格を取っておく方が就職しやすいのは当然ですが、MSWを目指す際にも、専門の国家資格がない現時点では、PSW資格が有効だといえます。

収入

各医療機関の給与規定によります。おおまかな目安としては、4年制大学卒の看護職より若干低めの給与水準です。

MSWを常設している病院は、大学病院等の大きな医療機関に限られます。

問い合わせ先

□ (公社)日本医療ソーシャルワーカー協会
東京都新宿区住吉町8-20　四谷ヂンゴビル2F
Tel.03-5366-1057

福 祉

Welfare

福祉事務所職員●児童指導員●児童厚生員●児童相談所職員●ホームヘルパー●
保護観察官●保育士（保母）●児童自立支援専門員●社会福祉士●介護福祉士●
ケアマネージャー（介護支援専門員）

福祉事務所に勤務し福祉行政全般に従事

福祉事務所職員

就職までの ルートマップ

高校や大学などを卒業後、地方自治体の公務員採用試験を受験。通常は事務職として採用。一部の自治体では「福祉」専門職の採用枠もある。

⬇

採用後、自治体の福祉部門・福祉事務所へ配属。

💼 仕事の内容

各都道府県および市町村の福祉事務所に勤務して、生活保護者、母子家庭、保護を要する児童・老人、身体障害者、知的障害者などの保護や指導にあたるのが仕事です。

福祉事務所の組織は、大きく分けて生活保護部門とその他の部門に分かれます。生活保護部門では、貧窮者のための生活保護支給の決定や生活保護施設への入所決定などを行います。その他の部門では、高齢者福祉課、障害者福祉課、母子福祉課などがあり、生活に困難を抱えている人の相談に乗ったり、必要なサービスを提供したりします。

証 資格の取り方

必須資格ではありませんが、社会福祉事業法で定められた「社会福祉主事」という任用資格があります。これは、①大学などで厚生労働大臣の指定する社会福祉に関する科目を修めて卒業、②都道府県知事の指定する養成機関または講習会修了、などで取得できます。

就職は、まず各自治体の公務員採用試験に合格する必要があります。福祉事務所としての採用枠をとる自治体はありませんから、通常は事務職で受験して採用後に福祉関係部門を希望するという方法しかありません。

東京都や横浜市など専門職として「福祉」の採用枠がある自治体では、当然そちらを受けた方が福祉事務所へ配属される可能性は高くなります。

収入

東京都の場合、Ⅰ類（大卒程度）で初任給が18万7900円です。

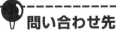 問い合わせ先

□ 東京都人事委員会事務局試験部試験課
東京都新宿区西新宿2-8-1
Tel.03-5320-6952
その他、各都道府県の民生部社会福祉担当課。

194

児童福祉施設での母親役をつとめる

児童指導員

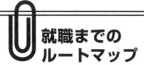

就職までのルートマップ

大学などで児童指導員任用資格の資格要件を取得。

↓

各種児童福祉施設の採用試験を受験。公立施設の場合は、その自治体の公務員採用試験を受ける。

仕事の内容

　児童指導員は、児童福祉施設のうちの児童養護施設や救護施設、福祉型障害児入所施設、医療型障害児入所施設、福祉型児童発達支援センター、医療型児童発達支援センター、児童家庭支援センター、乳児院などにおいて、児童の保護や生活指導にあたる職員です。

　保護や療育を必要とするため施設に入っている児童を、家庭にかわる愛情で彼らを育て、社会に出ても生活していけるように指導するという大切な使命があります。

　常に彼らの行動を厳しく、そして温かく見守ることが求められる仕事です。

資格の取り方

　指導員としての特別な資格はありませんが、児童福祉法に定められた任用資格を要します。

①都道府県知事の指定する児童福祉施設の職員を養成する学校を卒業した者

②大学の学部で心理学、教育学、社会学、社会福祉学を専攻する学科を修めて卒業した者

③高等学校を卒業し、2年以上児童福祉事業に従事した者

④幼稚園、小学校、中学校、高等学校いずれかの教諭の資格を持つ者

⑤社会福祉士、精神保健福祉士の資格を保有している者

など。

　公立の施設に勤務する場合は、地方公務員試験に合格する必要があります。

収入

　東京都では、Ⅰ類（大卒程度）の初任給は、18万7900円です。

問い合わせ先

各都道府県の民生部児童福祉担当課または各種児童福祉施設へ。

児童厚生員

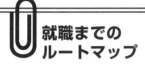

就職までのルートマップ

大学などを卒業後、地方自治体の公務員採用試験を受験。通常は事務職として採用。一部の自治体では「福祉」専門職の採用枠もある。

↓

採用後、自治体の福祉部門へ配属。

仕事の内容

　児童厚生施設は、児童に安全な遊び場を与えて健康の増進と情操を豊かにすることを目的とした施設で、ここで児童の遊びを指導するのが児童厚生員（現名称は「児童の遊びを指導する者」）です。施設とは、児童遊園（屋外の施設で広場に遊戯設備のある所）、児童館（集会室、遊戯室、図書室などがあり、子ども会の行事なども実施）などを指します。

　児童遊園には巡回でもかまいませんが、児童館の場合、児童厚生員が常勤しなければなりません。児童館はおもに小学生対象で、保護者が働いている子どもたちのために放課後や、夏休み中も開館。

劇、映画などを、子どもたちと一緒に鑑賞したり、運動や種々の製作などを個々人に指導して、楽しさを教えることも必要になります。

資格の取り方

　公立の施設で働く場合は、地方公務員試験に合格する必要があります。

　また、児童福祉法に定められた次のうちのいずれかの、任用資格に該当する必要があります。

　都道府県知事の指定する児童福祉施設の職員養成学校を卒業した者、保育士または社会福祉士の資格を有する者、高校卒業後2年以上児童福祉事業に従事した者、小学校・中学校・高等学校または幼稚園の教諭となる資格を有する者など。

収入

　東京都の場合の初任給は、Ⅱ類（短大卒程度）16万2500円です。

問い合わせ先

□ 東京都人事委員会事務局試験部試験課
　東京都新宿区西新宿2-8-1
　Tel.03-5320-6952
その他、各都道府県の民生部児童福祉担当課。

児童福祉司・児童心理司・一般事務吏員

児童相談所職員

就職までのルートマップ

高校や大学などを卒業後、都道府県や政令指定都市の職員採用試験を受験。通常は事務職で受ける。一部の自治体では「福祉」「心理」等の専門職採用枠もある。

↓

採用後、自治体の福祉部門・児童相談所へ配属。

仕事の内容

　児童相談所は、都道府県と政令指定都市に設置されている行政機関です。児童相談所では、児童に関するさまざまな相談に応じ、専門的な見地から調査、診断、判定を行い、必要な指導や児童福祉施設への入所措置などを行います。

　児童福祉法でいう「児童」とは「18歳未満」のすべての人ですから、寄せられる相談も、心身、家庭や学校、非行や問題行動など多岐にわたります。

資格の取り方

　児童相談所は都道府県や特別区などの地方自治体ですから、それぞれの公務員採用試験に合格しなければなりません。

　児童相談所で実際に各種相談業務に携わる職員は「児童福祉司」と呼ばれ、社会福祉主事（→P194福祉事務所職員参照）と同様の任用資格が定められています。

　また、相談所では各種の心理検査や場合によっては心理療法も行われることがあり、それには「児童心理司（心理判定員）」という専門の職員があたります。

　児童心理司の任用資格は精神保健に関して学識経験を有する医師、心理学専攻またはこれに相当する課程を修めて大学を卒業した者、などです。

　相談所には一般的な事務職に携わる職員もいますが、その場合は特に任用資格は問われません。

収入

　東京都の場合、初任給はⅠ類（大卒程度）で18万7900円です。

問い合わせ先

□ 東京都人事委員会事務局試験部試験課
　東京都新宿区西新宿2-8-1
　Tel.03-5320-6952
その他、各都道府県の民生部児童福祉担当課。

ホームヘルパー

就職までのルートマップ

各都道府県が指定する養成機関で「介護職員初任者研修」を受講。

↓

民間業者や福祉施設などと契約。就業形態は、社員・パート・常勤・非常勤など多様。

仕事の内容

ホームヘルパーとは、日常生活に支障のある高齢者や心身障害児、心身障害者のいる家庭を訪問し、家事全般や食事などの介助をする人のことをいいます。

仕事の内容は、掃除や洗濯、食事の支度、買い物など。また、衣服の着脱、食事介助、トイレの介助、清拭・入浴介助、あるいはマッサージ、簡単なリハビリなどにおよぶこともあります。

さらに、生活や健康問題などさまざまな面での相談を受け、助言や必要に応じて役所との連絡を行ったりします。

1回の訪問時間は2時間前後で、各家庭を週に1回から3回程度訪問します。

資格の取り方

ホームヘルパーの仕事をするのに、必ず資格が必要というわけではありませんが、次のような資格を取得後、仕事に就く人がほとんどです。

●訪問介護員（ホームヘルパー）

各都道府県指定の養成機関で実施される、介護職員初任者研修を規定時間（130時間）受講。修了者に修了証を発行。また、実務経験（3年以上）を積み、実務者研修を受講後、国家試験に合格すれば介護福祉士の資格取得も可能。

●介護福祉士

社会福祉士及び介護福祉士法にもとづく国家資格。特別養護老人ホーム、身体障害者施設など社会福祉施設介護職員のための資格。

収入

雇用形態はほとんどが非常勤職員です。給与も、施設や事業所、経歴によって違いがあります。

問い合わせ先

公的ホームヘルパー研修事業については、各市町村または都道府県の福祉課へ。

再犯・再非行の防止や更生の手助けをする

保護観察官

就職までのルートマップ

国家公務員採用総合職試験または一般職試験、法務省専門職員（人間科学）採用試験の保護観察官区分を受験して合格。

↓

法務省保護局や更生保護官署（地方更生保護委員会・保護観察所）に採用。

仕事の内容

地方更生保護委員会や保護観察所に勤務し、心理学、教育学、福祉および社会学等の更生保護に関する専門的知識に基づいて、犯罪をした人や非行のある少年の再犯・再非行を防ぎ、改善更生を図るための業務に従事します。

保護観察に付された少年や成人と面接し、生活の様子を聞いたり、家庭環境や普段の生活状況をうかがうために、家庭訪問をしたりします。仕事の性格上勤務時間外の面接や会合、研修などもたびたびあります。

資格の取り方

保護観察官になるには、まず国家公務員試験に合格することが必要。国家公務員採用総合職試験または一般職試験、法務省専門職員（人間科学）採用試験の保護観察官区分を受験することになります。（→P227・239参照）

法務省専門職員（人間科学）保護観察官区分の受験資格は、受験する年の4月1日現在、21歳以上30歳未満の者。21歳未満で大学・短大・高等専門学校を卒業（見込含）した者等。試験は、第1次試験は基礎能力試験（多肢選択式）、専門試験（多肢選択式・記述式）。第2次試験は人物試験（個別面接）等。

国家試験合格後は、法務省保護局または更生保護官署に法務事務官として採用されたのち、一定の期間、更生保護行政を幅広く知るための仕事を経験します。

収入

初任給は22万2240円（東京都特別区内勤務）。この他、住居手当、通勤手当などがつきます。

問い合わせ先

□ 人事院人材局試験課
東京都千代田区霞が関1-2-3
Tel.03-3581-5311

その他人事院各地方事務局、地方更生保護委員会事務局、各都道府県保護観察所。

保育士（保母）

就職までの
ルートマップ

大学・短大・専門学校などの保育士養成課程を卒業。

↓

保育所、児童養護施設などの各種児童福祉施設の採用試験を受験。公立の施設の場合は公務員採用試験を受験。

仕事の内容

保育士は幼稚園教諭と混同されやすいですが、職務も資格も違います。職場は保育所だけではなく、知的障害児施設、肢体不自由児施設、盲ろうあ児施設、乳児院、児童養護施設などで活躍する保育士もいます。

保育所勤務の保育士は、専門知識や愛情によって乳幼児を保育し、心身ともに順調な発達をするために必要な、スキンシップやマザリング（母性的保護）を絶えず心がけ、教育指導を行うことにあります。

障害児施設においては、保育対象の年齢幅が広いうえに、心身に何らかの障害

を持っているため健康状態に注意を注ぐ必要があります。

母子生活支援施設や児童養護施設などの収容施設においては、住み込みで保育にあたっています。ただ単に子どもが好きということだけでは長く続けていけず、体力や根気、熱意、問題意識などが必要です。

資格の取り方

資格取得方法は次の2通りです。
①都道府県知事の指定する保育士養成所（保育課程を持つ大学、短大、専門学校など）を卒業する。
②都道府県知事が行う保育士試験に合格する。

収入

公立は、地方公務員の給与規定によります。

問い合わせ先

□ （一社）全国保育士養成協議会
　東京都豊島区高田3-19-10
　Tel.0120-419-482

□ （福）日本保育協会登録事務処理センター
　東京都千代田区麹町1-6-2
　Tel.03-3262-1080

児童自立支援施設等で更生指導を行う

児童自立支援専門員

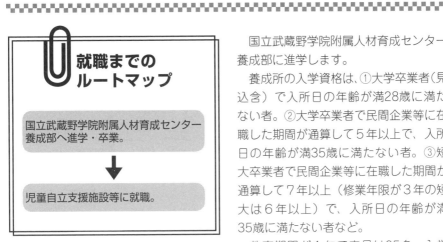

就職までのルートマップ

国立武蔵野学院附属人材育成センター養成部へ進学・卒業。

↓

児童自立支援施設等に就職。

仕事の内容

児童自立支援施設（不良行為をなす児童を収容して、個々の児童の状況に応じて必要な指導を行い、その自立を支援する施設）などに勤め、収容児童の親代りとなり生活全般の指導を行います。

児童生活支援員や医師などと協力し、生活指導、学課指導、職業指導などを行い、集団生活に耐え得る人間に成長していくように援助します。

根気が必要で苦労も多い、地味な仕事ですが、昨今の少年犯罪の増加と凶悪化にともない、児童の親代りとして更生を助ける児童自立支援専門員の役割は、非常に大きくなっています。

 ## 資格の取り方

国立武蔵野学院附属人材育成センター養成部に進学します。

養成所の入学資格は、①大学卒業者（見込含）で入所日の年齢が満28歳に満たない者。②大学卒業者で民間企業等に在職した期間が通算して5年以上で、入所日の年齢が満35歳に満たない者。③短大卒業者で民間企業等に在職した期間が通算して7年以上（修業年限が3年の短大は6年以上）で、入所日の年齢が満35歳に満たない者など。

教育期間が1年で定員は25名。入学試験は、心理検査、学科試験、一般教養、小論文試験、身体・体力検査、面接などが行われます。

卒業後、全国各地の児童自立支援施設、児童相談所、児童養護施設等に就職します。

 ## 収入

公立の場合は、地方公務員給与に準じます。

問い合わせ先

□ 国立武蔵野学院附属人材育成センター養成部
　埼玉県さいたま市緑区大門1030
　Tel.048-878-1260
あるいは、各都道府県の児童福祉主管課へ。

社会福祉士

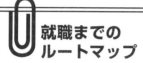

就職までのルートマップ

①福祉系大学卒業、②福祉系短大等卒業後実務経験1〜2年などで受験資格を得る。

↓

社会福祉士国家試験受験。

↓

社会福祉協議会等へ就職。

仕事の内容

社会福祉士とは、「社会福祉士および介護福祉士法」に基づく国家資格で、法律では「心身の障害や社会環境上の理由で日常生活を営むのに支障がある人の福祉に関する相談に応じ、助言・指導その他の援助を行う」とされています。

社会福祉士とはあくまで資格名ですから、社会福祉士という名の職業を持っている人がいるわけではありません。社会福祉士資格の保持者は、都道府県や市町村の社会福祉協議会や民間の社会福祉施設、あるいは地方行政機関である福祉事務所や児童相談所などで、相談・援助業務や福祉事業の企画・立案・運営業務に携わることが多いようです。

資格の取り方

社会福祉士国家試験に合格する必要があります。試験の受験資格は細かく規定されていますが、主要な項目は次の通りです。

①福祉系大学等において指定科目を修得する。

②福祉系短大（3年制）を卒業して、実務経験1年以上。

③福祉系短大（2年制）を卒業して、実務経験2年以上。

④一般大学を卒業して社会福祉士養成施設で1年学び指定科目を修得する。

⑤一般短大を卒業して実務経験を1年以上積み社会福祉士養成施設で1年学び指定科目を修得する、など。

収入

民間施設の場合、各都道府県の公務員給与に準じることが多いようです。

問い合わせ先

□（公財）社会福祉振興・試験センター
東京都渋谷区渋谷1-5-6　SEMPOSビル
Tel.03-3486-7559

介護福祉士

就職までのルートマップ

①介護福祉士資格が取れる福祉系短大・専門学校等を卒業して国家試験に合格、②実務経験3年以上かつ実務者研修修了で国家試験に合格、など。

↓

老人福祉施設や障害者施設、介護サービス会社などへ就職。

仕事の内容

介護の仕事を専門職としてとらえ、質や知識の向上を目指して作られた国家資格が介護福祉士です。

老人ホームなどの職員は「介護職員」「ケアワーカー」「寮母」といった職名がついており、介護福祉士の資格を持たなくても働くことができます。しかし、介護福祉士は名称独占資格なので、介護職に就く人で介護福祉士を名乗ることのできるのは資格取得者だけです。

身体や精神に障害があり、日常生活へ支障をきたす人の介護や介護者への指導が仕事になりますが、福祉や介護を取り巻く環境の変化にともなって、新しい介護の知識や技能、相談援助や利用者の自立サポートなどの資質向上が求められています。

資格の取り方

介護福祉士国家試験の合格が必要です。受験資格は、①指定を受けた養成施設（短大・専門学校など）を卒業※、②福祉施設などでの介護業務経験が3年以上かつ実務者研修修了など。

※養成施設を令和8年度までに卒業の場合、卒業後5年の間に国家試験に合格、または卒業後5年間続けて介護等の業務に従事することで、介護福祉士の登録を継続することができます。

令和9年度以降に養成施設卒業の場合、国家試験に合格しなければ介護福祉士になることはできません。

収入

民間の福祉施設は、その県の公務員給与に準じることが多いようです。

問い合わせ先

□ （公財）社会福祉振興・試験センター
東京都渋谷区渋谷1-5-6　SEMPOSビル
Tel.03-3486-7559

203

介護保険のケアプランを作成する専門家
ケアマネージャー（介護支援専門員）

就職までのルートマップ

福祉施設・病院・保健所等で、所定の実務経験を積む。

↓

介護支援専門員実務研修受講試験に合格。実務研修修了後、名簿登録。

↓

介護サービス会社や老人ホーム等でケアプラン作成等にあたる。

仕事の内容

　介護保険制度の施行とともに生まれた資格・職種です。介護保険サービスの利用者の相談に応じたり、役所や福祉施設、介護サービス会社などとの折衝・連絡を行ったり、ケアプラン（介護サービス計画）の作成をしたりするのがおもな仕事です。

　勤務先としては、民間の介護サービス会社や特別養護老人ホーム、デイケアセンター、老人保健施設、医療機関などがあげられます。

資格の取り方

　ケアプラン作成等の仕事をするためには「介護支援専門員実務研修受講試験」に合格し、介護支援専門員として登録を受けなければなりません。

　受験資格は、保健・医療・福祉分野で従事期間5年以上かつ実勤務日数900日以上従事した者とされています。具体的には、福祉施設の介護職員や病院の看護師、医師、理学・作業療法士をはじめとしてさまざまな職種の経験が認められています。

　試験はマークシート方式による筆記試験で、介護支援分野、保険医療福祉サービス分野に関する内容が問われます。

　試験に合格後、実務研修を修了したのちに、正式な介護支援専門員として登録されます。

収入

　施設や事業所、また経歴や年齢によっても違い、雇用形態も正社員（施設だと正規職員）・パート等さまざまです。

問い合わせ先

各都道府県の介護支援専門員実務研修受講試験担当課へ。

教 育

Education

人間形成の第一歩を築く

幼稚園教諭

就職までのルートマップ

幼稚園教諭免許が取れる専門学校・短大・大学等を卒業する。

↓

私立では各幼稚園の採用試験、公立では自治体の採用試験に合格する。

仕事の内容

　情操面、しつけ面、また親の手から離れて初めて団体生活をする場として幼稚園は重要な位置を占めています。就学前に集団生活に慣れさせ、音楽、歌、遊戯などを通して人間形成の第一歩を築きます。３歳から学齢までの幼い子どもを対象にした仕事ですから、まず子ども好きであることが一番の条件です。

資格の取り方

　幼稚園教諭免許１種、２種、専修いずれかの免許を取得することが必要です。
①幼稚園教諭２種免許状
　文部科学大臣認定の養成施設（短大・専門学校）で所定科目を修得します。

②幼稚園教諭１種免許状
　文部科学大臣認定の４年制大学などで所定科目を修得します。４年制大学では教員養成大学や学部の他に、文学部幼児教育学科、家政学部児童学科などがあります。
③幼稚園教諭専修免許状
　幼稚園教諭１種免許状を取得した者で、専修免許状の課程認定を受けている大学院や大学の専攻科において１年以上在学し、教科または教職に関する科目を修得して卒業すれば取得できます。

収入

　公立の場合は、それぞれ地方自治体の給与体系に準じます。東京都の初任給は、大学卒業者で20万1900円、短期大学卒業者で18万5800円。その他、地域手当等がつきます。

問い合わせ先

免許取得の方法について
□ 文部科学省総合教育政策局教育人材政策課
　東京都千代田区霞が関3-2-2
　Tel.03-5253-4111
その他、各都道府県教育委員会へ。

生徒の健康管理に携わる保健室の先生

養護教諭

就職までのルートマップ

養護教諭免許が取れる短大・大学等を卒業する。

↓

公立校の場合は各自治体の教員採用試験に合格する。

🧳 仕事の内容

各学校には保健室が設けられていますが、そこで働いているのが養護教諭です。授業中、病気になったり、ケガをした生徒のために薬を与えたり、簡単な治療を施したり、適切な処置をします。この他、身体検査、体位測定など、全校生徒の保健衛生に関する仕事をします。

📖 資格の取り方

養護教諭免許状を取得する必要があります。

①養護教諭2種免許状

短期大学などで所定の養護に関する科目24単位、教職に関する科目14単位および養護または教職に関する科目4単位

以上を修得して卒業すること。または、保健師の免許を有すること。

②養護教諭1種免許状

4年制大学で、所定の養護に関する科目28単位、教職に関する科目21単位および養護または教職に関する科目7単位以上修得して卒業すること。または、看護師免許もしくは保健師の免許を有し、養護教諭養成機関で所定科目の単位を修得すること。

③養護教諭専修免許状

養護教諭1種免許状を取得した者で、大学院などで養護または教職に関する科目24単位以上修得すること（修士の学位が必要）。

収入

公立校へ勤務した場合は教職員の給与と同じです。東京都の場合、短大卒で18万5800円、大卒で20万1900円。その他、地域手当等がつきます。

📍 問い合わせ先

□ 文部科学省総合教育政策局教育人材政策課
　東京都千代田区霞が関3-2-2
　Tel.03-5253-4111
その他、各都道府県教育委員会へ。

207

小学校教諭

就職までのルートマップ

小学校教諭免許が取れる短大・大学等を卒業する。

↓

公立校の場合は各自治体の教員採用試験に合格する。

仕事の内容

　勉強以外にも、社会生活をおくるための必要な基礎知識や常識、道徳の意識を身につけさせる、いわば人間形成の第一段階を担う職業といえます。

　１クラスを担当すると同時に、そのクラスの授業を全般的に受け持ちますが、音楽、体育、図工などは専科教員がつくこともあります。近年学校によっては、社会、理科などにも専任がつくところもあります。

資格の取り方

　小学校教諭免許状の１種、２種、専修いずれかを取得する必要があります。
①小学校教諭２種免許状

　文部科学大臣の認定を受けた短期大学などにおいて、所定の教科に関する科目４単位、教職に関する科目31単位および教科または教職に関する科目２単位以上を修得して卒業すること。
②小学校教諭１種免許状

　文部科学大臣の認定を受けた４年制大学において、所定の教科に関する科目の８単位、教職に関する科目41単位および教科または教職に関する科目10単位以上を修得して卒業すること。
③小学校教諭専修免許状

　１種免許状を取得した者で、専修免許状の課程認定を受けている大学院や大学の専攻科において１年以上在学し、教科または教職に関する科目を24単位以上を修得して卒業すること。

収入

　公立校の場合は、地方公務員の給与規定によります。東京都の初任給は大卒20万1900円。その他、地域手当等がつきます。

問い合わせ先

□ 文部科学省総合教育政策局教育人材政策課
　東京都千代田区霞が関3-2-2
　Tel.03-5253-4111
その他、各都道府県教育委員会へ。

208

指導者と理解者の両面が求められる

中学校教諭

就職までのルートマップ

中学校教諭免許が取れる短大・大学等を卒業する。

↓

公立校の場合は各自治体の教員採用試験に合格する。

仕事の内容

中学時代の生徒たちは不安定な時期にあり、この年代の子どもたちには、親身になって話を聞いてくれる理解者が必要です。子どもたちのよき相談相手、よき指導者となる人間性が、中学校教諭には求められます。

 ## 資格の取り方

中学校教諭免許状の1種、2種、専修のいずれかを取得する必要があります。教科は社会、理科、技術、家庭、国語、数学、音楽、美術、保健体育、保健、外国語、宗教、職業（職業指導および職業実習）、職業指導、職業実習になっています。

①中学校教諭2種免許状

文部科学大臣の認定を受けた短期大学などにおいて、所定の教科に関する科目10単位、教職に関する科目21単位および教科または教職に関する科目4単位以上を修得して卒業すること。

②中学校教諭1種免許状

教職課程を有する4年制大学において、所定の教科に関する科目20単位、教職に関する科目31単位および教科または教職に関する科目8単位以上を取得すること。

③中学校教諭専修免許状

1種免許状を取得したのち、専修免許状の課程認定を受けている大学院や大学の専攻科において1年以上在学し、教科または教職に関する科目を24単位以上修得して卒業すること。

収入

公立の場合は、各自治体の公務員給与規定にしたがいます。東京都の場合は小学校教諭と同額（→P208）です。

問い合わせ先

□ 文部科学省総合教育政策局教育人材政策課
　東京都千代田区霞が関3-2-2
　Tel.03-5253-4111
その他、各都道府県教育委員会へ。

209

高等学校教諭

就職までのルートマップ

高等学校教諭免許が取れる短大・大学等を卒業する。

↓

公立校の場合は各自治体の教員採用試験に合格する。

仕事の内容

　高校進学率は98％を超え、半ば義務教育化しています。高校時代は、進路を決める上で大切な時期にあたり、生徒たちの志望に沿った進路指導も、高等学校教諭の重要な役割です。

資格の取り方

　高校教諭の専修、１種いずれかの免許状を取得せねばなりません。２種はありません。免許状は次の各教科に分かれています。

　公民、地理歴史、理科、家庭、家庭実習、農業、農業実習、工業、工業実習、商業、商業実習、水産、水産実習、商船、商船実習、国語、数学、音楽、美術、工芸、書道、保健体育、保健、外国語、宗教、看護、看護実習、職業指導、情報、情報実習、福祉、福祉実習以上32教科。
①高等学校教諭専修免許状
○高等学校教諭１種免許状を取得し、専修免許状の課程認定を受けている大学院または大学の専攻科の課程に１年以上在学し、教科または教職に関する科目24単位以上修得すること。
○１種免許状取得者で高校教員として３年以上勤務し、大学院、大学の専攻科において教科または教職に関する専門科目

を15単位以上修得すること。

○特別免許状取得者で高校教員として３年以上勤務し、大学院、大学の専攻科において教科または教職に関する専門科目を25単位以上修得すること。

この他、都道府県の教育委員会が行う認定講習会を受講して取得する方法もあります。

②高等学校教諭１種免許状

●文部科学大臣の認定を受けた４年制大学において、教科に関する科目20単位、教職に関する科目を23単位および教科または教職に関する科目16単位以上修得して卒業すること。

●臨時免許状を取得した者で、高校教員として５年以上、または４年制大学、あるいは認定講習で45単位修得すること。

※「臨時免許状」とは欠員が出た時の臨時教員として採用されるための資格で、

教育職員検定合格によって取得可能。

●教員資格認定試験に合格すること。

この他、養成教育を受けていない人でも教育職員検定に合格することで「高校教諭特別免許状」が取得できます。

収入

公立高等学校の場合は地方公務員の給与規定によります。東京都の場合、大卒者初任給は20万1900円。その他、地域手当等がつきます。

問い合わせ先

□ 文部科学省総合教育政策局教育人材政策課
　東京都千代田区霞が関3-2-2
　Tel.03-5253-4111
その他、各都道府県教育委員会へ。

教員免許状の種類

教員免許状には、普通免許状（専修・１種・２種（高等学校は専修・１種））のほかに、特別免許状と臨時免許状があります。

◎特別免許状

大学での教員養成教育を受けていない人に対して、社会的経験を考慮し、教育職員検定により免許状を授与する制度。学士の学位、担当する教科の専門的知識・技能を持ち、教育委員会や学校などの推薦が必要。

◎臨時免許状

学校などが普通免許状を有する人

を採用することができない場合に限り、教育職員検定を経て授与。助教諭（教諭の職務を助ける学校職員）の免許状で、助教諭は臨時免許状持つ人しか就けません。

また、免許状以外の例外制度に「特別非常勤講師制度」があります。これは、教員免許状を有しない非常勤講師が、教科の一部を担任できる制度です（例：「英語」の領域の一部の英会話を、英会話学校講師が担任等）。

特別支援学校教諭

就職までのルートマップ

小・中・高校いずれかの教員免許の取れる大学・短大等を卒業。所定の単位を取得して、特別支援学校教諭の免許状を取っておいた方がよい。

↓

都道府県の教員採用試験に合格する。

↓

特別支援学校への勤務を志望して、各学校へ配属される。

💼 仕事の内容

特別支援学校教諭とは、盲学校・ろう学校・養護学校の教員免許状が一本化されたことにより、新たにつけられた呼称です。教員免許状はまとめられましたが、大学等で修得した科目により、教えることのできる障害の種別が特定されます。

資格の取り方

基礎資格として幼稚園、小・中・高校のいずれかの教員普通免許状を取得しな

ければなりません。さらに、専修、1種、2種の免許区分によって、次のような取得条件があります。

①特別支援学校教諭専修免許状

修士の学位を持ち、大学等で所定の特別支援教育に関する科目50単位以上を修得すること。

②特別支援学校教諭1種免許状

学士の学位を持ち、大学等で所定の特別支援教育に関する科目26単位以上を修得すること。

③特別支援学校教諭2種免許状

大学等で所定の特別支援教育に関する科目16単位以上を修得すること。

この他、医師、あん摩・マッサージ・指圧師、はり・きゅう師、理美容師免許などの有資格者が取得できる、特殊教科・自立教科の免許状があります。

収入

公立校の場合、一般教職員の6〜9％増の給与になります。

🔔 問い合わせ先

□ 文部科学省総合教育政策局教育人材政策課
東京都千代田区霞が関3-2-2
Tel.03-5253-4111
その他、各都道府県教育委員会へ。

食に関する指導を行う

栄養教諭

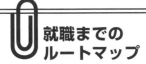

就職までのルートマップ

栄養教諭免許が取れる専門学校・短大・大学等を卒業する。

↓

公立校の場合は各自治体の採用試験に合格する。

仕事の内容

食生活を取り巻く社会環境が大きく変化し、子どもたちの食生活の乱れが指摘されるようになりました。子どもたちが健康に生活していけるよう、栄養や食事の取り方など専門的な視点で食に関して指導を行うのが栄養教諭です。2005年に創設された教諭制度です。

仕事内容は、肥満や偏食、食物アレルギーなどの生徒に対する個別指導、学級活動、学校行事などでの集団的な食に関する指導、学校給食の管理などです。

資格の取り方

栄養教諭普通免許状の1種、2種、専修のいずれかを取得する必要がありま

す。

各免許状の取得要件は、2種は短期大学士または準学士の称号と栄養士免許、1種は学士の学位と管理栄養士養成課程修了（栄養士免許取得者）、専修は1種免許状取得者で、修士の学位と管理栄養士免許を持つ者。この他、すべての免許状ともに、大学などでの栄養に関する科目と教職に関する科目の所定の単位数修得が必要になります。

現職の学校栄養職員は、一定の在職経験と都道府県教育委員会が実施する講習などで所定の単位を修得することにより、栄養教諭免許状が取得できます。

収入

公立小中学校の栄養教諭の配置は、都道府県教育委員会の判断によって行われており、現状では全都道府県に配置されているわけではありません。配置のある東京都の場合、初任給は他の教職員と同額です。

問い合わせ先

□ 文部科学省総合教育政策局教育人材政策課
　東京都千代田区霞が関3-2-2
　Tel.03-5253-4111
その他、各都道府県教育委員会へ。

213

看護教員

就職までのルートマップ

（専任教員になる一例）
看護師（保健師・助産師）として5年以上業務に従事し、看護教員養成講習を修了。もしくは、大学以上の最終学歴を持ち3年以上業務に従事し、大学・大学院で教育に関する科目を4単位以上履修し、看護教員養成講習を修了。

↓

看護学校の教壇に立つ。

仕事の内容

看護師、准看護師、保健師、助産師を養成する学校の教員です。

看護教員には一般の教育者としての資質に加え、初めて臨床実習にのぞむ学生たちに対して自らの経験を活かした具体的かつ理論的な指導にあたることが求められます。

資格の取り方

看護師養成の学校には大学、短大、専門学校、高校の衛生看護科などがありますが、ここでは専門学校などの養成所の

専任教員になる一例を取り上げます。

専任教員になるには看護教員養成講習を受講して、資格を取得するルートがあります。

［看護教員養成講習］

都道府県、厚生労働省が認定する団体（大学等）が実施。受講資格は、①保健師、助産師または看護師として5年以上業務に従事した者、②保健師、助産師または看護師として3年以上業務に従事した者で、かつ大学もしくは大学院において教育に関する科目（4単位）を履修した者。

保健教員、助産教員になるには、保健師、助産師としての業務経験年数が必要になります。

収入

国公立と私立の場合で多少の差はありますが、国公立の場合では教務主任の位置づけは、臨床の看護部長と同格となり、処遇も同格です。

問い合わせ先

□ 厚生労働省医政局看護課
　東京都千代田区霞が関1-2-2
　Tel.03-5253-1111
その他、各都道府県人事課へ

教育委員会の専門的職員

社会教育主事

就職までの
ルートマップ

社会教育主事講習を受講。受講資格は、大学に2年以上在学して62単位以上を修得、短大または高等専門学校を卒業した者など。

↓

社会教育関係団体など指定の職・業務に規定年数従事。

↓

都道府県・市町村教育委員会から「社会教育主事」として発令。

 ## 仕事の内容

社会教育主事は、都道府県および市町村の教育委員会の事務局に置かれる専門的職員で、社会教育を行う者に対する専門的・技術的な助言・指導にあたります。

社会教育事業の企画・立案・実施、社会教育関係団体の活動に対する助言・指導などが業務内容としてあげられます。

 ## 資格の取り方

社会教育主事となりうる資格を取得

し、都道府県・市町村教育委員会から「社会教育主事」として発令されることが必要です。

資格取得には次の要件が必要になります。①大学に2年以上在学して62単位を修得、短大または高等専門学校を卒業、かつ指定職種に3年以上従事。社会教育主事講習を修了した者。②教育職員の普通免許状を持ち、かつ5年以上文部科学大臣の指定する教育に関する職にあった者で、社会教育主事講習を修了。③大学に2年以上在学して62単位以上修得し、かつ大学において文部科学省令で定める社会教育に関する科目の単位を修得した者で、1年以上官公署または社会教育関係団体における社会教育に関係のある職・業務に従事した者。④社会教育主事講習を修了し、都道府県の教育委員会が認定した者。

 ## 収入

各自治体の公務員給与規定によります。

問い合わせ先

□ 文部科学省総合教育政策局教育人材政策課
　東京都千代田区霞が関3-2-2
　Tel.03-5253-4111
その他、各都道府県または市町村教育委員会へ。

学芸員

就職までのルートマップ

大学で指定科目の単位を取得して卒業し、学芸員資格を取得。

↓

各博物館へ就職。（採用方法は博物館によって異なる。学芸員資格の有無よりも、研究業績が問われるなど大学院レベルの知識が問われることもある）

仕事の内容

博物館には、自然、科学、美術、歴史、動物、植物などさまざまな分野の施設があり、この施設内で資料の収集や保管、展示の企画・準備などの仕事をする専門職員が学芸員です。

来館者に対しての説明や講演なども行い、また専門分野の研究者としての側面も持つので、博物館で扱う分野に対して広く深い専門知識が求められます。

資格の取り方

学芸員、または学芸員補となるためには、次のいずれかの方法で資格を取らなくてはなりません。

①学士の資格を持ち、大学において博物館に関する科目を修得していること。

②短期大学士の学位と同等の学士を持ち、博物館に関する科目を含め62単位以上を修得し、3年以上学芸員補の職に就く。

③学芸員資格認定試験に合格する。

学芸員資格認定試験は、筆記試験による試験認定と論文や著書などの学識および業績の審査による審査認定の2つがあります。

試験認定の受験資格は、大学卒業者、大学に2年以上在学し62単位以上を修得し2年以上の学芸員補経験がある人、教員免許を持ち教員経験が2年以上ある人、などです。

収入

国公立の場合は公務員の給与規定によります。民間の場合は施設により異なりますが、専門職員として安定した収入は得られます。

問い合わせ先

□ 文化庁企画調整課博物館振興室
東京都千代田区霞が関3-2-2
Tel.03-5253-4111

学校教育を補い、子供たちの学習意欲を高める

学習塾講師／予備校講師

就職までの ルートマップ

大学、大学院などを卒業（小・中・高校教諭免許を取得しておくと有利)。あるいは在学中から、アルバイト講師として経験を積む。

↓

学習塾・予備校へ就職。

 ## 仕事の内容

　学習塾はおもに小学生、中学生を生徒として、学校での授業内容を補助的に学習するところであり、予備校は大学進学を目指す受験生（高校生）を生徒として合格のための受験指導を行います。

　学習塾の形態も進学に重きを置いた進学塾から、生徒が授業に遅れずついていくための補助学習指導塾までさまざまなタイプのものがあります。学習塾講師は、基本的には学校で教える授業科目に沿った指導を行うことになります。

　それに対して予備校講師は、目的が大学受験の合格とハッキリしており、高校の授業の内容に沿うというよりも、何を

どのように勉強したら合格できるかを教えるのが仕事だといえます。

　いずれの職業も、授業の準備や課題の作成等、授業時間外の仕事も多いハードな仕事といえるでしょう。

証 資格の取り方

　学習塾講師・予備校講師いずれも、持っていなければならない必須資格というものはありません。しかし、当然のことながら、自分が教える教科に対する深い知識が要求されます。また、小・中・高校の教員免許の保有を採用の際に確認する塾・予備校もあり、教員免許や英語であれば英検・TOEIC等の資格を持っていると、採用面で有利にはたらくことがあります。

収入

　少子化の進んでいる現在、学習塾・予備校は全体として経営的に順調とは言いがたい状況にあります。給与水準も上がる傾向にはありませんが、大手予備校で人気講師になるとかなりの高収入になります。

 ### 問い合わせ先

各予備校、学習塾へ。

奉仕精神に富んだ読書家であること

司書（補）

就職までのルートマップ

①大学・短大で指定科目の単位を取得して卒業、または②大学・短大・高専を卒業して「司書講習」を受講。

↓

各図書館へ就職。公共図書館の場合は自治体の公務員試験を受験。

仕事の内容

図書館には公立・私立の公共図書館、大学図書館、国立国会図書館、学校図書館などがあります。司書（補）は公共図書館での図書の貸し出し、読書案内と相談、図書館資料の分類、目録の作成、受け入れる図書館資料の調査・選択・発注、購入、図書館資料の研究、書庫業務などがおもな仕事です。

資格の取り方

司書、司書補の資格を取るには次のコースがあります。

[司書]
①大学、短大、または高等専門学校を卒

業し、「司書講習」を修了する。
②大学、短大で在学中に図書館に関する科目を履習し、卒業する。
③3年以上司書補として勤務した経験をもち「司書講習」を修了する。

〈司書講習〉
大学に2年以上在学して62単位以上修得した者、短大・高等専門学校卒業者、2年以上司書補として勤務した者に受講資格があります。

[司書補]
「司書補の講習」（高卒者が対象）を受けて11科目15単位修得する。

司書・司書補講習とも、文部科学省の主催で毎年、各地の指定大学で実施。実施大学および期間などの問い合わせは、市町村の教育委員会や公共図書館へ。

収入

公立の場合、自治体の公務員給与規定によります。図書館司書の正規雇用での採用は少なく、非常勤や臨時職員などの非正規雇用での採用がほとんどです。

問い合わせ先

□ 文部科学省総合教育政策局教育人材政策課
東京都千代田区霞が関3-2-2
Tel.03-5253-4111

教員免許取得後、講習を受ける

学校図書館司書教諭

就職までのルートマップ

大学で教員免許を取得し、さらに①司書教諭の任用資格を満たす単位を取得するか、②司書教諭講習を受ける。

↓

都道府県の教員採用試験を受ける。

仕事の内容

小学校、中学校、高等学校、特殊学校はいずれも図書館（室）を併設していますが、そこで図書や視聴覚資料の収集や整理に関する仕事をします。

生徒に対して読書指導をすることもあり、学校によっては読書会、映画会も催したりしますので、単に本が好きという理由だけでは勤まりません。

資格の取り方

学校図書館司書教諭として働くためには、基礎資格として教員免許状を持ち、司書教諭の講習を修了していなければなりません（学校図書館司書教諭とは個別の免許状を指すものではなく、その職に就くための任用資格です）。

学校図書館司書教諭講習は、毎年7月～9月に文部科学大臣の委託を受けた大学などで実施されます。履修すべき科目は次の5つです。①学校経営と学校図書館、②学校図書館メディアの構成、③学習指導と学校図書館、④読書と豊かな人間性、⑤情報メディアの活用。

大学などで講習科目に相当する単位を取得している場合は、その科目の受講が免除されます。5科目すべてを大学の単位でまかなえれば講習を受ける必要はなく、学校図書館司書教諭認定の申請書を文部科学省に提出するだけです。

また、学校図書館に教諭ではなく事務職員として勤務する場合は「学校司書」と呼ばれ、各地方公共団体で資格要件を定めて採用をしています。

収入

公立校に勤務した場合は、各都道府県の教職員の給与規定に準じます。

問い合わせ先

□ 文部科学省総合教育政策局教育人材政策課
東京都千代田区霞が関3-2-2
Tel.03-5253-4111

219

日本語教師

就職までの
ルートマップ

公的な資格はないが、日本語について大学院修士レベルの知識が必要。日本語教育能力検定試験合格は有利。

↓

日本語学校へ就職。

仕事の内容

　幅広い層の外国人を対象に、日本語をアイウエオから専門的な学術書を読みこなせるほどに上達するまで、その要請に応じて音声、表記、文法、語いを中心に、日本語全般について教授するのが、日本語教師の職務です。

　また、世界の各地に設けられている日本語学校に出張して、日本の文化や技術を学ぼうという人々に、広く日本を紹介し、正しい日本語を教授することも大切な任務です。

資格の取り方

　大学院の修士号取得程度の学力と、日本語に対する正しい理解、こまやかな配慮と愛情が必要です。

　日本語教師になるための公的な資格はありませんが、日本語を教授する能力を測定し、認定する試験として、公益財団法人日本国際教育支援協会の実施する日本語教育能力検定試験があります。

　受験資格に制限はありません。試験は毎年10月に実施されます。令和４年度は応募者数8785名、合格者2182名でした。

収入

　経験や指導形式により収入はさまざまです。

　区や市でボランティアとして日本語を教える場合、あまり収入は期待できません。一方、教育機関に登録し講師として派遣される場合は、経験にもよりますが、高収入を得ることができるようです。

　個人教授をする場合にも一概にはいえませんが、１時間あたり5000円前後ぐらいです。

問い合わせ先

〈検定試験について〉
□（公財）日本国際教育支援協会日本語試験センター
　東京都目黒区駒場4-5-29
　Tel.03-5454-5215

安定した地位、落ち着いた職場環境

学校事務職員

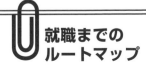

就職までのルートマップ

受験資格は、地方公務員・国家公務員と同じ。

↓

自治体により異なるが「学校事務」「行政事務」等の区分で公務員採用試験を受験する。

仕事の内容

国公私立の小学校、中学校、または高等学校に勤務し、授業料などの徴収事務、教員の給料・宿日直手当などの計算事務、教育委員会や役所との連絡文書の収受あるいは発送など、さまざまな事務を行うのが仕事です。

学校事務職員の配置は各学校に数名と、全般にあまり多くはありませんが、勤務時間など規則的で環境も落ち着いています。

国公立の場合は地位も安定していますし、育児休暇などもとれるなど厚生面も確立しています。几帳面で、地道な仕事を好む女性には適した職場といえるでしょう。

証 資格の取り方

公立学校の場合は、各都道府県の行う地方公務員採用試験に合格することが必要です。

学校事務職員の採用区分がある場合と行政・事務職の採用者から配属される場合の2通りがあり、都道府県により異なります。

東京都では、高校卒業程度の人を対象に行われる事務の区分を受験します。

収入

公立の場合は、各都道府県の給与規定によります。東京都の場合、Ⅲ類（高卒程度）試験採用者の初任給が15万2200円。その他、地域手当等がつきます。

問い合わせ先

〈東京都職員採用試験について〉
□ 東京都人事委員会事務局試験部試験課
　東京都新宿区西新宿2-8-1
　Tel.03-5320-6952

〈地方公務員（事務職）採用試験について〉
　各道府県・市の人事委員会事務局

専修学校教員

就職までのルートマップ

専門学校・短大・大学等を卒業後、教育関連職の実務経験を積む。

↓

各学校の採用試験を受ける。

💼 仕事の内容

学校教育法第１条に掲げる学校（小学校・中学校・高校など）以外で、職業や実生活に役立ち、教養の向上を図るために修業年限が１年以上で授業時数が一定基準を超え、常時40名以上を収容できる教育施設であれば、「専修学校」として認可されます。

専修学校は、①専門課程（高等学校卒業程度の者を対象）、②高等課程（中学校卒業程度の者を対象）、③一般課程（その他）の３つに区分されます。

資格の取り方

〈専門課程（専門学校）の教員資格〉
①専修学校の専門課程の修業年数と、修了後、学校、専修学校などで教育・研究関連業務に従事した期間とを通算して６年以上となる者。
②大学卒業者の場合は２年以上、短期大学・高等専門学校卒業者の場合は４年以上、前記①の関連業務に経験がある者。
③高校で２年以上教諭の経験がある者。
④修士の学位を有する者。
　など。

〈高等課程（高等専修学校）の教員資格〉
①専門課程の教員資格のある者。
②専修学校の専門課程の修業年限と、終了後、関連業務に従事した期間とを通算して４年以上となる者。
③短期大学・高等専門学校を卒業後、２年以上関連業務についた者。
④学士の称号を有する者。
　など。

〈一般課程の教員資格〉
①専門課程または高等課程の教員資格のある者。
②高校卒業後、４年以上関連業務に従事した者。
　など。

📍 問い合わせ先

□ 全国専修学校各種学校総連合会
　東京都千代田区九段北4-2-25　私学会館別館
　Tel.03-3230-4814

公務員

Official Business

地方公務員

就職までのルートマップ

各都道府県、市町村ごとに採用試験を実施。受験資格や試験区分は各自治体で異なる。

多くの場合第1次・第2次の2段階で試験が行われる。

合格後、採用候補者名簿に登録。

自治体内の各部門に採用・配属。

仕事の内容

　各都道府県、市町村などの地方自治体に勤務し、住民のために公共的な業務を行う職員をすべて地方公務員と呼びます。職種ごとに大別しますと一般職員、教育職員、警察職員、消防職員などがあります。このうち、一般行政職（事務、心理など福祉施設職員を含む）、医療職（公立病院・診療所の医師、薬剤師、栄養士、保健師、看護師など）、技能職（電話交換手、給食調理員など）に多くの女性が従事しています。

　勤務時間は一般には1週38時間45分、休日は土曜、日曜、祝日の他、1年に20日間の有給休暇があります。女性の場合は、生理休暇、産前産後の休暇、その他母性保護のための休暇も保障されており、女性には働きやすい職場です。また公務員の場合には、給与・昇任に男女の差はありませんので、女性にとってやりがいのある職業だといえます。

資格の取り方

　各都道府県、市町村の実施する採用試験に合格しなければなりません。この試験は三段階に分かれており、東京都の場合、Ⅰ類（大卒程度）、Ⅱ類（短大卒程度）、Ⅲ類（高卒程度）となっています。

ほとんどの場合、各試験とも第1次、第2次試験によって行われ、職種による試験区分、受験資格は各地方自治体により多少異なりますが、国家公務員の場合とほぼ同じで、試験内容は、教養試験、専門試験、人物試験（面接）、身体検査などが実施されます。学歴、性別についての制限がないところがほとんどですが、年齢については、東京都の場合採用時にⅠ類B（一般方式）が満22〜29歳、Ⅱ類は満20〜25歳、Ⅲ類は満18〜21歳などの制限が設けられています。

都道府県とおもな都市には人事委員会が設置されており、毎年1回公開の競争試験による採用を行っていますが、人事委員会の設置されていない市町村では試験を県の人事委員会に委託したり、あるいは選考のみで採用を決定するところも多くあります。

収入

各地方自治体により多少の差があります。東京都職員行政職の初任給は、Ⅰ類が18万7900円、Ⅱ類が16万2500円、Ⅲ類15万2200円。その他、各種の手当が支給されています。

問い合わせ先

各都道府県および政令指定都市については、各人事委員会事務局へ。その他の市町村については各人事担当課へ問い合わせてください。

公務員採用試験の学歴レベル一覧

国家公務員・地方公務員の公務員採用試験は、出題される試験の内容が大学卒業レベル・短大卒業レベル・高校卒業レベルなどの目安が示されています。

そこで、おもな公務員試験について、水準・むずかしさを学歴別に一覧にしてみました。

＜大学院修了〜大学卒業程度＞
国連職員。国家公務員採用総合職試験（院卒者試験）
＜大学卒業程度＞
国家公務員採用総合職試験（大卒程度試験）、国家公務員採用一般職試験（大卒程度試験）、地方公務員Ⅰ種（上級）、国税専門官、労働基準監督官、航空管制官、財務専門官、食品衛生監視員、法務省専門職員（人間科学）、国会議員政策担当秘書、警察官Ⅰ種（上級）、消防官Ⅰ類（上級）。
＜短大卒業程度＞
地方公務員Ⅱ種（中級）、警察官Ⅱ種（中級）、消防官Ⅱ類（中級）。
＜高校卒業程度＞
国家公務員採用一般職試験（高卒者試験）、地方公務員Ⅲ種（初級）、警察官Ⅲ種（初級）、消防官Ⅲ類（初級）、税務職員、刑務官、入国警備官、皇宮護衛官。

国家公務員採用 総合職試験（院卒者試験）

就職までのルートマップ

国家公務員採用総合職試験（院卒者試験）に合格。

↓

合格後、採用候補者名簿に記載。面接等を経て各府省や研究機関に採用。

仕事の内容

国家公務員採用試験は、平成24年度より総合職試験と一般職試験へと再編され、大学院の修士課程以上を修了した受験層に向けての試験も創設されました。大学院で修得した高度な知識と技術、経験が必要とされ、政策の企画立案等に従事する国家公務員の採用試験です。

試験区分は、行政、人間科学、デジタル、工学、数理科学・物理・地球科学、化学・生物・薬学、農業科学・水産、農業農村工学、森林・自然環境の9区分です。

資格の取り方

受験資格は、受験する年の4月1日現在、30歳未満で大学院修士課程または専門大学院の課程修了（見込含）者。

試験は、第1次試験は基礎能力試験（多肢選択式）、専門試験（多肢選択式）。第2次試験は専門試験（記述式）、政策課題討議試験、人物試験、英語試験。

最終合格者は採用者名簿（5年間有効）に記載され、各府省等で面接などを行って採用になります。

2023年度の試験結果は、申込者数1486名、合格者数667名、女性合格者は234名。

2022年まで実施されていた院卒者試験の法務区分は、司法試験の日程が変更されたことにより2023年は実施せず、2024年の総合職試験として実施される予定です。

収入

行政職員として東京都特別区内に勤務をすると、初任給は25万9200円。この他、住居手当、通勤手当などがつきます。

問い合わせ先

□ 人事院人材局試験課
東京都千代田区霞が関1-2-3
Tel.03-3581-5311
受験申込については人事院各地方事務局へ。

総合職試験と一般職試験の2つがある

国家公務員採用（大卒程度試験）総合職試験・一般職試験

就職までのルートマップ

国家公務員採用総合職試験・一般職試験（大卒程度試験）に合格。

↓

合格後、採用候補者名簿に記載。面接等を経て各府省や研究機関に採用。

仕事の内容

国家公務員採用試験の大卒程度試験には、総合職試験と一般職試験があります。

総合職試験の区分は、政治・国際、法律、経済、人間科学、デジタル、工学、数理科学・物理・地球科学、化学・生物・薬学、農業科学・水産、農業農村工学、森林・自然環境、教養の12区分。一般職試験の区分は、行政、デジタル・電気・電子、機械、土木、建築、物理、化学、農学、農業農村工学、林学の10区分。

資格の取り方

［総合職試験］

受験資格は、受験する年の4月1日現在、21歳以上30歳未満。21歳未満で大学卒業（見込含）者。試験は、第1次試験は基礎能力試験、専門試験。第2次試験は専門試験、政策論文試験、人物試験、英語試験。※教養区分の試験は秋季に実施。受験資格・試験ともに違います。

［一般職試験］

受験資格は、受験する年の4月1日現在、21歳以上30歳未満。21歳未満で大学・短大・高等専門学校卒業（見込含）者。試験は、第1次試験は基礎能力試験、専門試験（多肢選択式）、一般論文試験（行政区分）、専門試験（記述式・行政区分以外）。第2次試験は人物試験。

2023年度の試験結果は、総合職試験（教養を除く）は申込者数1万2886名、合格者数1360名。一般職試験は申込者数2万6319名、合格者数8269名。

収入

行政職員として東京都特別区内に勤務の場合、初任給は総合職試験が22万7640円、一般職試験が22万2240円。

問い合わせ先

□ 人事院人材局試験課
　東京都千代田区霞が関1-2-3
　Tel.03-3581-5311
その他人事院各地方事務局へ。

227

国家公務員採用一般職試験（高卒者試験）

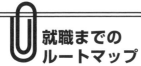

就職までのルートマップ

国家公務員採用一般職試験（高卒者試験）に合格。
試験の受験資格は、高校卒業（見込含）後2年以内の者。

↓

合格後、採用候補者名簿に登録。

↓

各省庁、出先機関、研究機関等に採用。

仕事の内容

国家公務員の初級職員として、各官庁において、それぞれの職種に応じ、行政事務または技術的業務などに従事します。職場としては、いわゆる本省庁と地方にあるその出先機関などがあります。

 資格の取り方

国家公務員採用一般職試験（高卒者試験）に合格しなければなりません。

受験資格は、受験する年の4月1日現在、高校または中等教育学校を卒業（見込含）した日から2年を経過していない者等。

試験は第1次試験と第2次試験があり、第1次試験は基礎能力試験、適性試験（事務区分のみ）、専門試験（事務区分以外）、作文（事務区分のみ）。第2次試験は人物試験が行われます。

試験区分は、事務、技術、農業、農業土木、林業の5区分。

2023年度の試験結果は、申込者数9889名、合格者数3407名（女性1289名）。

区分別に見ると、事務が申込者8250名、合格者2538名。技術が申込者1219名、合格者657名。農業土木が申込者254名、合格者135名。林業が申込者166名、合格者77名。※2023年度の農業区分は実施されませんでした。

 収入

初任給は15万4600円で、この他、地域手当、住居手当、通勤手当などがつきます。

問い合わせ先

□ 人事院人材局試験課
　東京都千代田区霞が関1-2-3
　Tel.03-3581-5311
その他人事院各地方事務局へ。

国会議員政策担当秘書

就職までのルートマップ

大学卒業後政策担当秘書資格試験に合格。

↓

合格者登録名簿に登録。

↓

各国会議員が登録名簿より適任者を専任して採用。

💼 仕事の内容

国会議員公設秘書は、議員の個人的なつながりで採用されることがほとんどでした。この採用の公設秘書とは別に、政策担当秘書は、議員の政策立案能力や立法調査能力を高めるという趣旨でつくられたものです。

政策担当秘書は、国会議員が政策の立案をしたり立法活動をしたりすることを、より専門的な立場から補佐する研究調査や、資料の収集・分析・作成などの仕事を行います。

資格の取り方

政策担当秘書資格試験に合格すると、合格者登録簿に登録されます。そして、各国会議員が登録簿の中から適任者を採用するということになります。資格試験に合格したからといって必ずしも採用されるわけではありません。

受験資格は、4年制大学卒業（見込含）以上です。

1次試験は、多肢選択式（教養問題）と論文式（総合問題）。2次試験は口述試験で、志望動機や、最近の政治、経済問題について、あるいは自分の得意な学科などについて質問され、意見を求められます。試験は毎年1回行われます。

※なお、政策担当秘書に採用されるには、この資格試験以外に、選考採用の審査認定を受ける方法もあります。

収入

公務員として最高クラスの給与です。

🎙 問い合わせ先

☐ 衆議院事務局庶務部議員課
東京都千代田区永田町1-7-1
Tel.03-3581-5165

☐ 参議院事務局庶務部議員課
Tel.03-5521-7485

国連職員（国際公務員）

就職までのルートマップ

> （一例）国連事務局YPP試験を受験して合格する。受験資格は大学卒業以上、年齢32歳以下、英語またはフランス語で職務が遂行できること。

> 最終合格者は、採用候補者リストに掲載され、国連の各部局に提示される。

> 各部局より要請があれば採用される。

仕事の内容

国連（国際連合）を主としたさまざまな国際機関で働く職員を国際機関職員、または国際公務員といいます。その活躍の場は全世界に及んでおります。

紛争の終結や貧困の緩和、気候変動対策や人権の擁護に至るまで、世界各地より寄せられるさまざまな複雑な問題の解決に向けて国連事務局の職員は、平和維持活動に従事する人々とともに取り組んでいます。

国連職員は異なる文化や背景を深く理解しながら、世界の国々より集まった人々との多文化チームで働くことを意味します。

資格の取り方

職員の任期終了や新ポストの設置などのときのみに、募集が行われます。就任後、すぐにプロフェッショナルな技能が要求されるため、採用規定も試験のみならず、厳しい書類審査、人物照会（レファレンス）が行なわれ、最低でも大学卒業以上の学歴が要求されます。

国連の職員になるにはさまざまな方法がありますが、ここでは「国連事務局ヤング・プロフェッショナル・プログラム（YPP）試験」を紹介します。これは国

連事務局が外務省と協力して行っているもので、大卒以上の人を対象とした若手職員募集の試験です。

この試験は年に一度行われます。

◎応募資格◎

・日本国籍を有し、32歳以下（受験年の12月31日現在）であること

・英語またはフランス語で職務遂行が可能であること

・募集分野に関連する学士号以上の学位を有すること

また、応募資格の他に全分野に共通して求められる資質として以下の項目があげられています。

＊プロフェッショナリズム

＊コミュニケーション能力

＊チームワーク

＊企画・調整能力

この他に、英語あるいはフランス語に加えて、他の国連公用語ができることが望ましいとされています。

試験は、まず応募資格が満たされているかを確認する資格審査を経て、学歴、経歴、語学の観点から選考される書類審査を実施。書類審査の上位40名が筆記試験に進むことができます。筆記試験（英語または仏語で実施）の後、口述試験によって職務遂行能力に直接関連するスキル、性格、行動パターンなどが総合的に判断されます。

合格後、国連組織に採用される資格を持つ候補者として、待機リストに登録されます。待機リストからの採用は、ニーズとポストの空席に応じて行われ、2年の期限付き契約が国連事務局よりオファーされます。実績を残すことにより、2年後に継続契約が認められます。

 収入

国連職員の給与等級表に準じます。

 問い合わせ先

□ 外務省国際機関人事センター
東京都千代田区霞が関2-2-1
Tel.03-3580-3311

 在外日本人学校派遣教員

海外にある日本人学校では日本国内の小・中学校に準じた教育が行われています。各国に日本から派遣される教員は、文部科学省が選考しています。各都道府県教育委員会等の推薦を受けた教員を選考し、研修後、各国の在外教育施設に派遣しています。

日本人学校教員の教諭に応募できる資格は、現職の小学校・中学校教員であること、3年以上の勤務経験があること、職務成績が優秀であることなどとされています。

選考は書類審査・面接などが行われ、合格者は候補者名簿に登録。欠員があれば派遣が決定します。派遣期間は2年です。

問い合わせ先
各都道府県教育委員会。

外務省専門職員

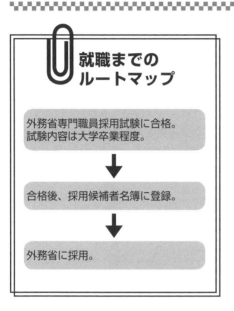

就職までのルートマップ

外務省専門職員採用試験に合格。試験内容は大学卒業程度。

↓

合格後、採用候補者名簿に登録。

↓

外務省に採用。

仕事の内容

高い語学力を駆使して、国と国とを結ぶスペシャリストとして活躍するのが外務省専門職員。

外務省あるいは在外公館に勤務して、外交交渉、経済折衝、外国に関する調査、報告、在外邦人の利益保護のための援助などの仕事をします。

資格の取り方

外務省専門職員採用試験に合格することが必要です。

受験資格は、受験する年の4月1日に

おいて、①21歳以上30歳未満の者、②21歳未満で大学・短大・高等専門学校卒業（見込含）者等。

第1次試験は、基礎能力試験、国際法、憲法または経済学より1科目選択、時事論文、外国語（英語、フランス語、ドイツ語、ロシア語、スペイン語、ポルトガル語、イタリア語、アラビア語、ペルシャ語、ミャンマー語、タイ語、ベトナム語、インドネシア語、中国語、朝鮮語のうち1つ）。

第2次試験（1次合格者のみ）は、外国語試験（外国語会話）、人物試験（個別面接、グループ討議）、身体検査。

外務事務官として外務省に採用後、入省後1カ月は研修所での国内研修、その後本省勤務、再び研修所の研修を経て、2年目から語学習得のため2～3年の在外研修に出ます。

収入

初任給は22万2240円に諸手当がつきます。

問い合わせ先

□ 外務省大臣官房人事課採用班
　東京都千代田区霞が関2-2-1
　Tel.03-3580-3311

裁判にあたって公正中立の立場を厳守

判事（裁判官）

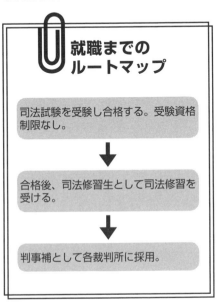

就職までのルートマップ

司法試験を受験し合格する。受験資格制限なし。

↓

合格後、司法修習生として司法修習を受ける。

↓

判事補として各裁判所に採用。

仕事の内容

　司法試験に合格すると、司法修習生として生活をおくり、その後、各人の希望に基づき裁判官、検察官、弁護士となり、法曹界で活躍することになります。

　裁判官のコースは、司法修習の後まず判事補から出発します。そして簡易裁判所、家庭裁判所、地方裁判所、高等裁判所の各裁判所に勤務し後に、一人で審理を行って判決をする判事の地位につきます。

　おもな職務としては、法廷および調停委員会で証人や当事者の尋問を行った

り、検察官、弁護人などの口頭弁論を聴取し、その事件の事実認定と法律適用による判決を下すことです。

資格の取り方

　平成18年度から、新試験（法科大学院卒業生向け）と旧試験が併行して行われていましたが、平成22年度を最後に旧試験が廃止となり、新試験を司法試験と呼ぶようになりました。

　司法試験は、法科大学院課程の修了者および司法試験予備試験（受験資格制限なし）の合格者を対象に、短答式試験、論文式試験で行われます。また、法科大学院修了者、予備試験合格者ともに、受験できる期間と回数に制限があります。

　令和5年の司法試験最終合格者数は1781名でした。

収入

　裁判官の報酬等に関する法律により、支給額が定められています。

問い合わせ先

司法試験に関しては
□ 司法試験委員会
　東京都千代田区霞が関1-1-1法務省内
　Tel.03-3580-4111

検察官

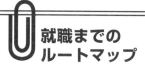

就職までのルートマップ

司法試験を受験し合格する。受験資格制限なし。

↓

合格後、司法修習生として司法修習を受ける。

↓

各検察庁に採用。

仕事の内容

　検察官の職務は、社会の不正や犯罪を摘発することです。

　警察などから送致を受けた事件、検察官に直接告訴・告発のあった事件や認知した事件について捜査を行い、裁判所に起訴するか否かの決定、起訴した事件についての公判での立証、控訴・上告などの手続き、裁判執行の指揮監督などが職務内容としてあげられます。

　裁判所は検事による公訴の提起がなければ、刑事事件の審理、裁判をすすめることができず、検察官の役割は非常に大きなものがあります。

　検察官は、検事総長、次長検事、検事長、検事、副検事に区分されます。また、地方検察庁には検事から任命される検事正が置かれています。検事総長は最高検察庁の長、次長検事は最高検察庁に属し検事総長を補佐、検事長は高等検察庁の長、検事正は地方検察庁の長として指揮監督を行います。検事は最高検察庁・高等検察庁および地方検察庁などに配置、副検事は区検察庁に配置され、捜査・公判および裁判の執行の指揮監督などの仕事を行います。

資格の取り方

　司法試験に合格し、司法研修所に入り司法修習を修了しなければなりません。（→P233参照。）

収入

　検察官の俸給等に関する法律により、支給額が定められています。

問い合わせ先

司法試験に関しては
□ 司法試験委員会
　東京都千代田区霞が関1-1-1法務省内
　Tel.03-3580-4111

事務官、家庭裁判所調査官として業務に従事

裁判所職員

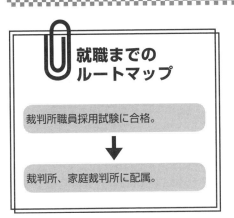

就職までのルートマップ

裁判所職員採用試験に合格。

↓

裁判所、家庭裁判所に配属。

仕事の内容

各裁判所で裁判所事務官、家庭裁判所調査官として業務に従事します。

裁判所職員採用試験は、国家公務員採用試験と同様に総合職試験と一般職試験に分かれています。

総合職試験はさらに、「裁判所事務官，院卒者区分・大卒程度区分」と「家庭裁判所調査官補，院卒者区分・大卒程度区分」の２つの区分で実施されます。

一般職試験は、的確な事務処理能力が求められる事務官での採用になります。

資格の取り方

裁判所職員採用試験に合格しなければなりません。受験資格は下記のとおり。
○総合職試験（裁判所事務官，院卒者区分／家庭裁判所調査官補，院卒者区分）

…受験年の４月１日現在、30歳未満で大学院を卒業（見込含）した者。
○総合職試験（裁判所事務官，大卒程度区分／家庭裁判所調査官補，大卒程度区分）…受験年の４月１日現在、21歳以上30歳未満で大学を卒業（見込含）した者。
○一般職試験（裁判所事務官，大卒程度区分）…受験年の４月１日現在、21歳以上30歳未満で大学・短大・高等専門学校を卒業（見込含）した者。
○一般職試験（裁判所事務官，高卒者区分）…受験年の４月１日現在、高校または中等教育学校を卒業（見込含）した日から２年を経過していない者等。

家庭裁判所調査官補の最終合格者は、採用後、全国各家庭裁判所に配属され、裁判所職員総合研修所に入所して約２年間にわたり家庭裁判所調査官に任命されるための養成研修を受けます。

収入

国家公務員の給与に準じます。

問い合わせ先

□ 最高裁判所事務総局人事局総務課職員採用試験係
　東京都千代田区隼町4-2
　Tel.03-3264-5758
その他、各地の高等裁判所、地方裁判所。

財政、金融のプロフェッショナル

財務専門官

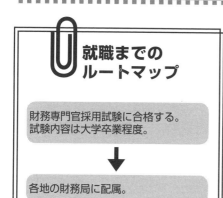

就職までのルートマップ

財務専門官採用試験に合格する。試験内容は大学卒業程度。

↓

各地の財務局に配属。

仕事の内容

財務専門官は、財務局において財政、金融等のプロフェッショナルとして、国有財産の有効活用、財政投融資資金の供給、予算執行調査といった財政に関する業務、地域金融機関、検査・監督、証券取引等の監視、企業内容等の開示などの金融に関する業務に従事します。

この他にも、地域経済情勢の調査・分析、財務省・金融庁の施策の広報といった業務も行います。

資格の取り方

財務専門官採用試験に合格しなければなりません。

受験資格は、受験する年の4月1日現在、21歳以上30歳未満の者。21歳未満で、①大学を卒業（見込含）した者、②短期大学または高等専門学校を卒業（見込含）した者等。

試験は、第1次試験は基礎能力試験（多肢選択式）、専門試験（多肢選択式・記述式）。第2次試験は人物試験（個別面接）。

2023年度の試験結果は、申込者数2986名、合格者数560名、女性合格者は242名でした。

採用後、財務省研修所で約2カ月間、財務省職員としての基礎知識、ビジネスマナー、配属先ごとの専門的かつ実務的な講義の研修を受けます。

収入

東京都特別区内に勤務をすると、初任給は22万2240円。この他、住居手当、通勤手当などがつきます。

問い合わせ先

□ 人事院人材局試験課
　東京都千代田区霞が関1-2-3
　Tel.03-3581-5311
その他、各地の財務局へ。

脱税摘発でおなじみの税金の取締官

国税専門官

就職までのルートマップ

国税専門官採用試験に合格する。試験内容は大学卒業程度。

↓

税務大学校で約3ヵ月の研修を受けた後、全国の税務署に配属。

仕事の内容

国税専門官は、国税局や税務署において、適正な課税を維持し、また租税収入を確保するため、税務のスペシャリストとして法律・経済・会計等の専門知識を駆使して職務にあたります。

職種は、国税調査官、国税徴収官、国税査察官の3つに分かれています。

国税調査官は、納税義務者を訪れて適正な申告が行われているかの調査・検査・指導を行います。

国税徴収官は、未納税金の督促や滞納処分を行うとともに、納税に関する指導などを行います。

国税査察官は、大口・悪質な脱税者への捜査・差押等の強制調査を行い、刑事罰を求めるため検察官に告発します。

資格の取り方

国税専門官採用試験に合格しなければなりません。受験資格は受験する年の4月1日現在、①21歳以上30歳未満の者、②21歳未満で大学卒業（見込含）者または同等の資格がある者。

第1次試験（基礎能力試験と専門試験）と第2次試験（人物試験と身体検査）があります。

試験内容は大学卒業レベルです。

2023年度の試験結果は、申込者1万4093名、合格者3274名（女性1416名）。

2023年度から「国税専門A」と「国税専門B」の2区分の試験になりました。A区分はこれまでの試験とほぼ同じ内容、B区分は理工・デジタル系です。

収入

初任給は東京都特別区に勤務の場合、25万4640円です。

問い合わせ先

□ 人事院人材局試験課
　東京都千代田区霞が関1-2-3
　Tel.03-3581-5311
各地区の人事院事務局へ。

税務職員

就職までのルートマップ

税務職員採用試験に合格する。試験内容は高校卒業程度。

↓

税務大学校で約1年の研修を受けた後、全国の税務署に配属。

仕事の内容

　税務署に勤務をして、個人事業者や会社等を訪れ帳簿などを検討し、適正な申告が行われているかどうか調査や検査を行います。

　また租税収入を確保するため、定められた納期限までに納付されない税金の督促や滞納整理などの業務を行います。

資格の取り方

　税務職員採用試験に合格しなければなりません。

　受験資格は、受験する年の4月1日現在、高校または中等教育学校を卒業（見込含）してから3年を経過していない者。

　試験は、第1次試験は基礎能力試験（多肢選択式）、適性試験（多肢選択式）、作文。第2次試験は人物試験（個別面接）、身体検査。

　最終合格者発表日以降に各国税局（国税事務所）で採用面接を実施、採用内定となれば通知されます。

　税務職員採用試験に採用されると、まず最初に税務大学校の各地方研修所に入校します。大学水準の教養と税の基礎知識を習得するため、約1年の普通科研修を受講。その後、各税務署へ配属となります。

　2023年度の試験結果は、申込者数4952名、合格者数1367名、女性合格者は554名でした。

収入

　初任給は15万4600円。この他、住居手当、通勤手当などがつきます。

問い合わせ先

□ 人事院人材局試験課
　東京都千代田区霞が関1-2-3
　Tel.03-3581-5311
その他、各地の税務署へ。

法務技官（心理）・法務教官・保護観察官

法務省専門職員（人間科学）

就職までのルートマップ

法務省専門職員（人間科学）採用試験に合格する。試験内容は大卒程度。

↓

少年院、少年鑑別所、刑事施設、保護観察所等に勤務。

仕事の内容

法務省専門職員（人間科学）採用試験は、矯正心理専門職、法務教官、保護観察官の3つの区分があります。

矯正心理専門職は法務技官（心理）と呼ばれ、心理学の専門的知識・技術等を生かし、非行や犯罪の原因を分析。対象者の立ち直りに向けた処遇指針の提示や改善指導プログラムの実施に従事します。法務教官は、少年院や少年鑑別所などに勤務する専門職員です。
（保護観察官はP199参照）

資格の取り方

法務省専門職員（人間科学）採用試験に合格しなければなりません。受験資格は下記のとおりです。

〈矯正心理専門職〉

受験する年の4月1日現在、21歳以上30歳未満の者。21歳未満で大学を卒業（見込含）した者等。

〈法務教官〉

受験する年の4月1日現在、21歳以上30歳未満の者。21歳未満で大学・短大・高等専門学校を卒業（見込含）した者等。社会人採用枠あり。

試験は、第1次試験は基礎能力試験（多肢選択式）、専門試験（多肢選択式・記述式）。第2次試験は人物試験（個別面接）、身体検査※、身体測定※。※保護観察官は除く。

2023年度の3区分合計の試験結果は、申込者数1990名、合格者数472名、女性合格者は215名でした。

収入

東京都特別区内に勤務をすると初任給は、矯正心理専門職・法務教官は25万2480円、保護観察官は22万2240円。

問い合わせ先

□ 人事院人材局試験課
　東京都千代田区霞が関1-2-3
　Tel.03-3581-5311

防衛省の各機関で事務や技術開発等に従事

防衛省専門職員

就職までのルートマップ

国家公務員採用試験または防衛省専門職員採用試験に合格する。

↓

防衛省の各機関に事務、通訳、研究等の職務で配属。

仕事の内容

ここでの防衛省専門職員とは、自衛官とは別に省内の各機関や自衛隊の駐屯地・基地等で、事務、通訳、研究などの仕事に携わる職員を指します。

防衛省専門職員は、人事院の実施する国家試験での採用もありますが、防衛省独自の採用試験も行ってます。

主な仕事内容として、諸外国との防衛協力・交流、国際会議の通訳、海外資料の収集や分析。自衛隊での自衛官等に対する語学教育。国際関係、地域情勢、軍事情勢などの情報収集や分析などに従事しています。

語学を活かせることから女性の人気も高く、また仕事での活躍もみられます。

資格の取り方

人事院が実施する国家公務員採用試験、または防衛省が実施する防衛省専門職員採用試験に合格することが必要です。ここでは、防衛省専門職員試験を紹介します。

試験区分は英語、ロシア語、中国語、朝鮮語、フランス語、アラビア語、ペルシャ語、インドネシア語の8つがあります。

受験資格は受験年の4月1日現在、21歳以上30歳未満の者。21歳未満で大学・短大・高等専門学校を卒業（見込含）した者等。

試験は、第1次試験が基礎能力試験、専門試験、論文試験。第2次試験が口述試験、身体検査。

収入

東京都特別区内に勤務の場合、初任給が22万2240円で、これに諸手当がつきます。

問い合わせ先

□ 防衛省大臣官房秘書課試験企画係
東京都新宿区市谷本村町5-1
Tel.03-3268-3111

法律知識や国際感覚、語学力も必要

入国警備官

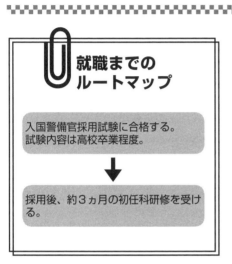

就職までのルートマップ

入国警備官採用試験に合格する。試験内容は高校卒業程度。

↓

採用後、約3ヵ月の初任科研修を受ける。

仕事の内容

外国人の入国、在留のための諸申請について、出入国管理法および難民認定法に基づいて審査するのが、入国警備官の仕事です。

全国の地方出入国在留管理局、支局、出張所、各入国者収容所入国管理センターにおいて、不法入国者や不法滞在者などの違反事件の調査、収容令書又は退去強制令書を発付された外国人の摘発、違反調査、収容、護送、送還、入国者収容所入国管理センターなどにおける被収容者の処遇、施設の警備等の業務に従事します。

法律に違反する外国人に対して、厳正に対処する業務を担っています。

資格の取り方

入国警備官採用試験に合格して採用されることが必要です。

受験資格は、受験する年の4月1日現在、高校または中等教育学校を卒業(見込含)した日から5年を経過していない者等。また、社会人採用枠もあります。

試験は第1次試験、第2次試験とがあり、第1次試験は基礎能力試験、作文試験で、第2次試験は人物試験、身体検査、身体測定、体力検査が実施されます。なお、基礎能力試験の内容は高校卒業レベルとされています。

2023年度の試験結果は、申込者1568名、合格者263名で、女性の合格者は94名でした。

収入

東京都特別区内に勤務の場合、初任給が21万3600円で、これに諸手当がつきます。

問い合わせ先

□ 人事院人材局試験課
　東京都千代田区霞が関1-2-3
　Tel.03-3581-5311
その他、人事院各地方事務局へ。

食品衛生監視員

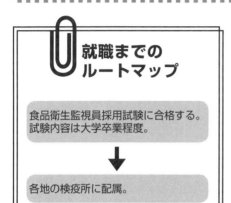

就職までのルートマップ

食品衛生監視員採用試験に合格する。試験内容は大学卒業程度。

↓

各地の検疫所に配属。

仕事の内容

全国の主要な海・空港の検疫所において、輸入食品の安全監視や指導（輸入食品監視業務）、輸入食品等に係る理化学的、微生物学的試験検査（試験検査業務）、検疫感染症の国内への侵入防止（検疫衛生業務）の業務に従事します。

輸入食品が増加する中、「食の安全」を確保することが食品衛生監視員の業務。輸入食品監視の専門的知識の他に、輸入業者と接する機会も多いことからコミュニケーション能力や協調性も必要です。

資格の取り方

食品衛生監視員採用試験に合格しなけ

ればなりません。

受験資格は、受験する年の4月1日現在、21歳以上30歳未満で、①大学において薬学、畜産学、水産学、農芸化学の過程を修めて卒業（見込含）した者、②厚生労働大臣の登録を受けた食品衛生監視員の養成施設において所定の課程を修了（見込含）した者。21歳未満で①②に該当する者等。

試験は、第1次試験は基礎能力試験（多肢選択式）、専門試験（記述式）。第2次試験は人物試験（個別面接）。

2023年度の試験結果は、申込者数420名、合格者数93名、女性合格者は66名でした。

収入

東京都特別区内に勤務をすると、初任給は22万2960円。この他、住居手当、通勤手当などがつきます。

問い合わせ先

□ 人事院人材局試験課
　東京都千代田区霞が関1-2-3
　Tel.03-3581-5311
その他、検疫所または人事院各地方事務局へ。

航空管制官

就職までのルートマップ

航空管制官採用試験に合格。試験内容は大学卒業程度。

↓

8ヵ月の研修期間を経て全国各地の航空交通管制部、空港に勤務。

仕事の内容

航空管制官は全国各地の空港や、航空交通管制部に勤務して、航空機を安全に離着陸させるための任務につきます。いわば空の交通整理・誘導といった仕事で、レーダーや無線を用いて、飛行経路の指示や天候状態に関する情報をパイロットに与えます。ニアミスを未然に防いだり、緊急着陸を無事に促すなど、空の安全を守る職業です。

資格の取り方

航空管制官採用試験の合格が必要です。受験資格は受験する年の4月1日現在、①満21歳以上30歳未満の者。②年齢が21歳未満の者で、大学・短期大学・高等専門学校卒業者および卒業見込者。

ただし、矯正眼鏡等の使用の有無を問わず、視力が一眼でも0.7に満たない者、両眼で1.0に満たない者、色覚・聴力に異常のある者等は受験できません。

試験は第1次から第3次まであります。

第1次試験では基礎能力試験（多肢選択式）、適性試験Ⅰ部（多肢選択式）、外国語試験（聞き取り・多肢選択式）。第2次試験では外国語試験（面接）、人物試験。第3次試験では適性試験Ⅱ部（航空管制業務シュミレーション）、身体検査、身体測定が行われます。

試験内容は、大学卒業レベルで出題されます。

2023年度試験結果は、申込者795名、合格者94名（女性50名）でした。

収入

初任給は諸手当別で19万6312円です。

問い合わせ先

□ 人事院人材局試験課
　東京都千代田区霞が関1-2-3
　Tel.03-3581-5311
その他人事院各地方事務局。

労働基準監督官

労働時間・賃金などの違反取り締まり

就職までのルートマップ

労働基準監督官採用試験に合格。
試験内容は大学卒業程度。

↓

労働基準監督官に任命される。

仕事の内容

厚生労働省本庁、または全国各地の労働基準局、労働基準監督署に勤務し、雇用者に規則違反があるか労働基準法などにもとづいて監督をしたり、労働条件の確保・向上、労働者の安全や健康の確保、労働災害にあった人に対する労災補償の業務などを行います。

低い賃金、長い労働時間、不完全な環境など規定違反の有無を調査するため、労働基準監督官には、事業所、工場、寄宿舎などの建物に立ち入る権限が与えられています。

資格の取り方

労働基準監督官採用試験合格が必要で

す。受験資格は受験する年の4月1日現在、①満21歳以上30歳未満の者、②21歳未満で大学を卒業した（または卒業見込みの）者です。試験内容は、大学卒業レベルで出題されます。

試験区分が労働基準監督A（法文系）とB（理工系）とに分かれており、第1次試験は次の項目で行われます。
①基礎能力試験（A・B共通、多肢選択式）
②専門試験（A・Bそれぞれの専門科目の多肢選択式および記述式）

第2次試験は、人物試験、身体検査が行われます。

2023年度の試験結果は、A区分が申込者2432名（女性1053名）、合格者298名（135名）、B区分が申込者525名（104名）、合格者115名（26名）でした。

収入

初任給は東京都特別区勤務の場合、22万4280円です。

問い合わせ先

□ 人事院人材局試験課
　東京都千代田区霞が関1-2-3
　Tel.03-3581-5311
その他、人事院各地方事務局。

244

狭き門だが合格者の半数は女性

国立国会図書館職員

就職までのルートマップ

国立国会図書館の採用試験に合格。

↓

国立国会図書館職員として勤務。

仕事の内容

国立国会図書館は、国内外の数千万冊以上の蔵書を有して国会の立法活動を助ける他、国民の学術研究、調査活動などに利用されています。

職員の職務内容も多彩で、国会の審議に資するための調査・研究業務、図書資料の収集・整理・閲覧、司書業務、他の図書館の援助や海外図書館との国際協力、一般行政事務などがあります。

資格の取り方

国立国会図書館が行う独自の採用試験に合格することが必要です。

採用試験には、総合職試験、一般職試験があり、年度によっては資料保存や施設設備などの専門職採用試験を実施する

ことがあります。

また、一般職試験（高卒程度）が平成23年まで実施されていましたが、平成24年以降は行われておりません。

受験資格は採用年度の4月1日現在、次に該当する者です。

総合職試験：21歳以上33歳以下。21歳未満でも大卒（見込含）者は可。

一般職試験（大卒程度）：21歳以上33歳以下。21歳未満でも大卒・短大卒・高等専門学校卒（それぞれ見込含）者は可。

総合職、一般職（大卒程度）の試験科目は、第1次が教養試験。第2次が専門試験、英語、小論文（総合職のみ）、個別面接。第3次が個別面接。

2023年度の試験結果は、総合職試験が申込者428名、合格者4名。一般職試験（大卒程度）が申込者682名、合格者14名でした。

収入

国家公務員の給与に準じます。

問い合わせ先

□ 国立国会図書館総務部人事課任用係
東京都千代田区永田町1-10-1
Tel.03-3581-2331

海上保安官

就職までのルートマップ

海上保安官採用試験に合格。試験内容は大学卒業程度。

↓

海上保安官に任命。海上保安大学で2年間の研修後、現場に赴任。

💼 仕事の内容

2020年度から大学卒業者対象の海上保安官採用試験が新設されました。

これまで海上保安官になるには、海上保安庁の教育機関の海上保安大学校または海上保安学校いずれかの採用試験に合格をして卒業するルートしかありませんでした。新設の採用試験では、将来海上保安庁の幹部職員となるため知識・技能を身につけるカリキュラムが組まれています。

採用試験に合格後、海上保安大学校で幹部海上保安官として必要な研修を2年間行います。研修終了後、巡視船に乗り込み、海上における犯罪の取締り、領海警備、海難救助等の海上保安業務に従事。

海上勤務と陸上勤務を交互に経験しながら、海上保安官としてのキャリアを積み、管区海上保安本部、海上保安部、大型巡視船などの長として、海上保安行政を担います。

🪪 資格の取り方

海上保安官採用試験に合格しなければなりません。

受験資格は、受験する年の4月1日現在30歳未満で、大学を卒業（見込含）した者。なお身体条件として、身長150cm以上、体重41kg以上などの規定があります。

試験は、第1次試験が基礎能力試験（多肢選択式）、課題論文。第2次試験は人物試験、身体検査、身体測定、体力検査。

2023年度の試験結果は、申込者数529名、合格者数82名、女性合格者は13名でした。

収入

初任給は諸手当別で18万5200円です。

📍 問い合わせ先

☐ 人事院人材局試験課
東京都千代田区霞が関1-2-3
Tel.03-3581-5311

火災を防ぐ立場としての消防任務

消防官

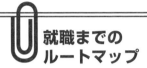
就職までの
ルートマップ

全国各地の消防本部の採用試験に合格する。

↓

受験資格は自治体によって異なり、年齢制限や体格基準がある場合も。

🧳 仕事の内容

　消防官というと、救急活動に従事している勇ましい姿を連想し、男性だけの職業と考えてしまいがちですが、女性も多く働いています。

　消防という文字が示すとおり、消防官の仕事は、まず災害を未然に防ぐことにあります。災害防止の指導や訓練を住民や事業所に行うのが女性消防官です。

　女性消防官のおもな仕事は、市民に防火教育・指導を行ったり、デパート、劇場、ホテルなどに火災予防の指導をしたり、それらの消防設備の検査をすることなどにあります。種々の許認可事務、広報活動、火災の原因や損害の調査なども重要な職務となっています。

証 資格の取り方

　女性消防官を採用する自治体の採用試験に合格することが必要です。
〈受験資格〉

　各自治体により差がありますが、高卒程度以上の学力が必要です。その他にも年齢制限があります。また、体格基準が設けられているところもあります。
〈試験科目〉

　これも各自治体により相違がありますが、教養試験と、論文試験、面接試験などが課されます。また、身体・体力検査、視力、聴力、弁色力などについても女性に適した形式で行われます。

収入

　地方公務員ですが、職務の性格から公安職の給料表が適用され、一般職よりも少し高くなります。東京都の場合、Ⅰ類（大卒程度）は約25万9300円です。

📞 問い合わせ先

〈東京都の場合〉
□ 東京消防庁人事部人事課採用係
　東京都千代田区大手町1-3-5
　Tel.0120-119-882
その他の地域は、各都道府県消防本部へ。

247

警察官

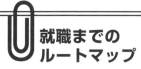

就職までのルートマップ

各都道府県の採用試験に合格。

↓

6〜10ヵ月の教育訓練を受けて各警察署に配属される。

仕事の内容

警察官の職務は公共の安全と秩序の維持にあり、その範囲は多岐にわたっています。女性警察官は少年たちの補導、違法駐車の取り締り、交通安全の教育、交通整理などの方面で活躍しています。

犯罪年齢は年々低くなる傾向を示しており、交通事故も多発する現在、警察広報活動や防犯指導なども含め、女性警察官の職務は重要性を増しています。

資格の取り方

警察官は地方公務員ですから、各都道府県警察が行う採用試験を受けます。

東京都の行政機関である警視庁の採用例をあげると、採用区分はⅠ類(大学卒程度)・Ⅱ類(短大卒程度)・Ⅲ類(高卒程度)

の3種類に分かれています。さらに警視庁では警察官と警察行政職員の試験があり、警察官の試験は年2、3回、警察行政職員試験は年1回行われています。

受験資格は類によっても異なりますが、警察官試験の場合は採用時の年齢が35歳未満で、Ⅰ類は大学を卒業(見込含)または大学卒業程度の学力を有する者。Ⅲ類は高校を卒業(見込含)または高校卒業程度の学力を有する者となっています。

警察官試験は第1次が、筆記試験(択一式の教養試験・論文・国語)、身体検査、適性検査。第2次が面接、身体検査、適性検査、体力検査です。

収入

各地方によって異なりますが、警視庁の場合の初任給は、警察官Ⅰ類で25万9300円、警察官Ⅲ類で22万1800円。その他、諸手当がつきます。

問い合わせ先

□ 警視庁採用センター
　東京都府中市朝日町3-15-1　警視庁警察学校内
　Tel.0120-314-372
その他、各都道府県警察本部など。

採用区分は多岐にわたる

自衛官

就職までのルートマップ

防衛省の行う採用試験に合格する。
（採用区分によって受験資格が異なる）

仕事の内容

自衛官の採用にはさまざまな種類があり、その採用区分によって将来の昇任がある程度決まっています。ここでは次の3種類を紹介します。

「自衛官候補生」は3カ月の教育を経た後、2等陸・海・空士（任期制自衛官）に任官。任期制自衛官とは、陸上約2年、海・空約3年を1任期として勤務する隊員のことです。

「一般曹候補生」は入隊後教育課程で学び、その後部隊に配属、採用後約3年で選考により3曹に昇任。将来幹部への道も開かれます。

「一般幹部候補生」は、採用後曹長に任命され、所定の期間教育を受けると3尉（院卒者は2尉）に昇任します。

資格の取り方

〈自衛官候補生〉

受験資格は、採用時の年齢が18歳以上33歳未満。試験種目は、筆記試験、口述試験、適性検査、身体検査。

〈一般曹候補生〉

受験資格は、18歳以上33歳未満。試験種目は、第1次試験が筆記試験、適性検査。第2次試験が口述試験、身体検査。

〈一般幹部候補生〉

受験資格は、22歳以上26歳未満（ただし、大学院修士修了者は28歳未満。大学卒業者は22歳未満でも可）。

試験種目は、第1次試験が筆記試験で一般教養（択一式）と専門（択一式・記述式）。第2次試験が小論文、口述試験、身体検査。

海上・航空の飛行要員は第3次試験があります。

収入

初任給は、自衛官候補生は14万6000円、2士任官後は一般曹候補生と同額。一般曹候補生は18万4300円（高卒）、19万3900円（大卒）。幹部候補生が大卒で23万300円です。

問い合わせ先

各道府県の自衛隊地方協力本部へ。

249

皇宮護衛官

就職までのルートマップ

皇宮護衛官採用試験に合格する。

↓

6〜10ヵ月皇宮警察学校で教育訓練を受けた後、正式に配属される。

仕事の内容

　皇居、御所、御用邸など皇宮関係の警備、および天皇、皇后、皇太子、皇太子妃、その他の皇族の護衛などを行い、また外国の国賓の護衛といった仕事にも従事することになります。

　皇宮護衛官に採用されると、まず皇宮巡査に任命され、大学卒業者は6ヵ月、高校卒業者は10ヵ月間皇宮警察学校で、憲法、行政法、警察法などの基礎学科から、警務、犯罪捜査、鑑識などの実務、さらに教練、けん銃操作法、逮捕術などの教育訓練を受けます。

 資格の取り方

　皇宮護衛官採用試験に合格することが必要です。試験には、大卒程度試験と高卒程度試験の2つがあり、それぞれの受験資格は受験年の4月1日現在、前者が満21歳以上30歳未満、後者が高校または中等教育学校を卒業（見込含）した日から5年を経過していない者等。

　なお身体条件として、身長148cm以上、体重41kg以上などの規定があります。

　試験科目は、第1次試験が基礎能力試験、課題論文（大卒程度のみ）、作文（高卒程度のみ）。第2次試験が人物試験、身体検査、身体測定、体力測定。

　2023年度の試験結果は、大卒程度試験は申込者856名、合格者59名（女性17名）、高卒程度試験は申込者301名、合格者23名（女性7名）。

収入

　初任給は東京都特別区内勤務の場合、大卒程度試験採用で25万4400円、高卒程度試験採用で21万3600円。この他、諸手当が支給されます。

問い合わせ先

□ 皇宮警察本部
　東京都千代田区千代田1-3
　Tel.03-3217-1516

受刑者の改善更生に重要な役割

刑務官

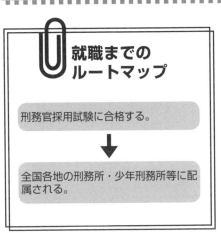

就職までの
ルートマップ

刑務官採用試験に合格する。

⬇

全国各地の刑務所・少年刑務所等に配属される。

💼 仕事の内容

全国各地にある刑務所、少年刑務所、また、まだ刑が確定していない未決被収容者を収容する拘置所に勤務し、犯罪者が再び罪を犯さないように助言し、日常生活の指導や、職業指導、監督などを行います。

受刑者の人たちを更生へ導くために重要な役割を果たす刑務官には、すぐれた指導力、忍耐力、責任感などが要求されます。

証 資格の取り方

刑務官採用試験に合格することが必要です。試験には刑務官Ａ，Ｂがあり、Ａは男性、Ｂは女性のみ受験可能です。

受験資格は、受験年度の４月１日現在

17歳以上29歳未満。社会人採用枠、武道（柔道・剣道）採用枠もあります。

また、身体条件として、裸眼視力が１眼でも0.6に満たない者は不可（矯正視力が両眼で1.0以上は可）の規定があります。

試験内容は、第１次試験が基礎能力試験、作文試験、第２次試験が身体測定、体力検査、人物試験、身体検査。

武道採用枠の試験は、第１次試験の際に実技試験があります。

2023年度の試験結果は、刑務Ｂは申込者811名、合格者208名、刑務Ｂ（武道）は申込者67名、合格者38名、刑務Ｂ（社会人）は申込者46名、合格者15名。

🐷 収入

初任給は東京都特別区内勤務の場合、21万3600円。この他、諸手当が支給されます。

📌 問い合わせ先

☐ 人事院人材局試験課
　東京都千代田区霞が関1-2-3
　Tel.03-3581-5311
その他、人事院各地方事務局、法務省各矯正管区へ。

気象大学校学生

就職までのルートマップ

気象大学校学生採用試験を受けて合格する。

↓

在学中4年間も国家公務員待遇なので給与が支給され、授業料不要。

↓

卒業後、気象庁に採用される。

仕事の内容

気象庁の仕事には、まず第一に天気予報があげられますが、そればかりでなく、気象注意報、気象警報、さらには地震、海洋・火山現象の分析など地球環境全体にわたっています。これら気象庁の職務を行い、将来幹部となる職員を養成するのが、気象大学校です。

修学期間は4年で、気象に関する専門知識や技術などについて教育を受けた後、国家公務員の技術者として、気象庁や、各地の気象台、海洋気象台などに配属されます。

天気事象が対象ですから、場合により勤務が不規則になることもあります。

資格の取り方

気象大学校学生採用試験の合格が必要です。受験資格は、受験する年の4月1日現在、高校または中等教育学校を卒業（見込含）した日から2年を経過していない者等。

試験は、第1次と第2次があります。

第1次試験は、学科試験（数学・物理・英語について多肢選択式および記述式）、作文試験、基礎能力試験（多肢選択式）。第2次試験は、人物試験（個別面接）、身体検査が行われます。

2022年度の試験結果は、申込者254名、合格者29名、女性合格者は8名でした。

収入

在学中も公務員として16万3876円の給与と諸手当が支給されます。

問い合わせ先

□ 人事院人材局試験課
　東京都千代田区霞が関1-2-3
　Tel.03-3581-5311

！航空保安大学校学生

航空機の安全な航行を守る業務を行う保安職員を養成。航空情報科、航空電子科の2学科を設置。教育期間は2年間。

受験資格は受験年の4月1日現在、高卒（見込含）から3年を経過していない者等。試験は基礎能力試験、学科試験、人物試験、身体検査、身体測定等。

2022年度は、女性申込者155名、合格者46名でした。

在学中も公務員として月額16万3876円が支給されます。

問い合わせ先／人事院人材局試験課
東京都千代田区霞が関1－2－3
Tel 03-3581-5311

！海上保安大学校学生

海上保安庁の幹部候補生を養成。教育課程は本科が4年間、その後専攻科（6ヵ月）および研修課国際業務課程（3ヵ月）で、海洋保安業務に必要な知識と技術を学びます。

受験資格は受験年の4月1日現在、高卒（見込含）から2年を経過していない者等。入学試験は基礎能力試験、学科試験、作文試験、人物試験、身体測定、体力検査、身体検査。

2022年度の結果は、女性申込者数126名、合格者数20名。在学中も月額15万4600円の給与が支給されます。

問い合わせ先／人事院人材局試験課
東京都千代田区霞が関1－2－3
Tel 03-3581-5311

！海上保安学校学生

海上保安庁で警備救難業務・水路業務・航路標識業務を遂行する職員を養成。船舶運航システム課程1年、航空課程1年、情報システム課程2年、管制課程2年、海洋科学課程1年の5課程。

受験資格は受験年の4月1日現在、高卒（見込含）から12年を経過していない者等。

2022年度（特別除く）は、女性申込者613名、合格者101名。在学中も月額15万4600円の給与を支給。

問い合わせ先／人事院人材局試験課
東京都千代田区霞が関1－2－3
Tel 03-3581-5311

253

防衛大学校学生

　防衛大学校は、将来の自衛隊幹部を養成する学校です。

　受験資格は入学する年の４月１日に、18歳以上21歳未満（自衛官は23歳未満）の高校卒業者またはそれに準じる者等。

　入学に際しては、理工学専攻と人文・社会科学専攻の２つに分かれます。入学試験もコースごとに、英語・数学・理科・社会・国語・外国語等の学科試験、口述試験、小論文試験、身体検査が行われます。

　在学中も月額12万200円の学生手当が支給されます。

問い合わせ先／
各都道府県自衛隊地方協力本部

防衛医科大学校医学科学生

　防衛医科大学校医学科学生とは、医師として将来の自衛隊幹部となる者を養成する制度です。通常の医科大学と同様に、計６年間の教育期間と卒業時に医師国家試験受験資格が得られます。

　受験資格は入学する年の４月１日に、18歳以上21歳未満の高校卒業者またはそれに準じる者等。

　入学試験は、第１次試験が国語、数学、理科、外国語、小論文、第２次試験が口述試験、身体検査です。

　在学中も月額12万200円の学生手当が支給されます。

問い合わせ先／
各都道府県自衛隊地方協力本部

防衛医科大学校看護学科学生

　防衛医科大学校看護学科学生は、幹部自衛官を養成する自衛官コース、技官を養成する技官コースの２コースがあります。教育期間は４年間。受験資格は入学する４月１日に、自衛官が18歳以上21歳未満、技官が18歳以上24歳未満の高校卒業者または準じる者。

　入学試験は第１次・第２次試験とあり、国語、数学、理科、外国語、小論文、口述試験、身体検査を実施。

　在学中も自衛官は学生手当、技官は特別職国家公務員（非常勤職員）手当が支給されます。

問い合わせ先／
各都道府県自衛隊地方協力本部

スポーツ

Sport

スポーツインストラクター●スポーツプログラマー●プロゴルファー●
スイミングインストラクター●スキーインストラクター●スノーボードインストラクター●
エアロビクスインストラクター●スキューバダイビングインストラクター●
ヨガインストラクター●競艇選手●競馬騎手●社交ダンス教師●キャディ●厩務員●
テニスインストラクター●プロボウラー

健康と美のアドバイザー

スポーツインストラクター

 **就職までの
ルートマップ**

講習会を受講。認定試験を受ける。

↓

合格後、各指導者に認定。

↓

民間のスポーツクラブやフィットネス
クラブなどで活躍。

仕事の内容

スポーツインストラクターは、健康の
ためにクラブで運動する人たちに適切な
アドバイスや指導を行ったり、運動や減
量のプログラムをつくるのがおもな仕事
です。

インストラクターの仕事は資格がなけ
ればできないわけではありませんが、就
職に際しての信頼度は、持っていた方が
高いといえます。

資格の取り方

通常は、体育系の学校などを卒業して
この仕事に就くケースが多いようです。

関係資格として、次のようなものがあ
ります。

○健康運動指導士

保健医療関係者と連携しつつ、安全で
効果的な運動を実施するための運動プロ
グラム作成及び実践指導計画の調整等を
行う者。

○健康運動実践指導者

医学的基礎知識、運動生理学の知識、
健康づくりのための運動指導の知識・技
能等を持ち、健康づくりを目的として作
成された運動プログラムに基づいて実践
指導を行う者。

上記2つは、公益財団法人健康・体力

づくり事業財団が認定試験を実施しています。

○トレーニング指導士

公益財団法人日本スポーツ施設協会が実施。体育・スポーツ施設などにおけるリスク管理や施設管理運営に関する知識、スポーツ医科学、傷害予防・応急処置、栄養学等の理論と対象者別・目的別の実技指導に関する知識を持ち、指導・助言に努める者。

それぞれの資格には、体育系学校の卒業者、実務経験、医療免許（医師、保健師、看護師等）を有する者などの、受験に必要な資格が設定されています。

 収入

収入は就職先の各クラブによって異な

ります。採用形態も、正社員、契約社員、フリーランスなどさまざまです。

また、何らかの資格が、即給料面での優遇につながるわけではありません。前述の資格は、官庁の認定を得ているとはいえ、あくまで民間資格です。しかし、就職に際して、何もない人よりも信頼度は高くなります。

 問い合わせ先

□（公財）健康・体力づくり事業財団
　東京都港区東新橋2-6-10　大東京ビル7F
　Tel.03-6430-9111

□（公財）日本スポーツ施設協会
　東京都豊島区巣鴨2-7-14　巣鴨スポーツセンター別館3F
　Tel.03-5972-1983

スポーツプログラマー

ひとり一人の体力や要求に応じて、スポーツ科学を取り入れながら適切な指導にあたるのが、スポーツプログラマーの仕事です。

公益財団法人日本スポーツ協会では、スポーツ指導者の知識・技能審査事業としてスポーツプログラマーの認定試験を行っています。この認定試験は、地域において各年齢層の住民等に対し適切なスポーツ活動が出来るよう相談および指導・助言を行う指導者の養成を目的としています。

資格の取得方法は、共通科目135時間と専門科目44時間を受講。

受験資格は、受講する年の4月1

日現在、満20歳以上の者となっています。

講習科目については、大学や講習などで履修済や一定以上の経験者は、講習・試験の全部または一部が免除される場合があります。

また、公益財団法人日本スポーツ施設協会でも公益財団法人日本スポーツ協会との共同認定事業として、公認スポーツプログラマーの養成講習会を行っています。

問い合わせ先
（公財）日本スポーツ協会
東京都新宿区霞ヶ丘町4-2
Tel03-6910-5812

プロゴルファー

就職までの
ルートマップ

プロテスト第1次予選に参加。3日間54ホールストロークプレー。各会場の成績上位者が第1次予選を通過。

↓

第2次予選に参加。4日間72ホールストロークプレー。

↓

4日間72ホールストロークプレーの最終プロテストを受験。上位20位タイまでがプロテスト合格。

↓

ゴルフ場や練習場等に勤務しながら、トーナメントに参加。

仕事の内容

ひと口にプロゴルファーといっても、トーナメントプロ、レッスンプロなどさまざま。トーナメントの賞金だけで生活できるプロは、ほんのひと握りの厳しい世界です。収入面も考慮して自分の力を伸ばす道を考えていかなければならない

でしょう。

資格の取り方

一般社団法人日本女子プロゴルフ協会ではプロテストを行っています。

受験資格は、最終プロテスト開催年度の4月1日時点で満17歳以上の女子で、各ステージ（予選）の受験資格要件を満たす者。

プロテストは、第1次予選が3日間54ホールで行われ、各会場の成績上位者が予選を通過。第2次予選を経て、4日間72ホールで実施される最終プロテストの上位20位タイまでがプロテスト合格者となります。

収入

プロテストの合格者で、即トーナメントに専念という人は少なく、ゴルフ場や練習場の社員または専属の契約をしてトーナメントに参加します。勤め先との契約条件、賞金の有無や獲得額により千差万別です。

問い合わせ先

□ （一社）日本女子プロゴルフ協会
東京都港区西新橋1-15-4 銀泉西新橋ビル6F
Tel.03-3546-7801

指導員登録の半数は女性

スイミングインストラクター

就職までのルートマップ

公益財団法人日本スポーツ協会の競技別指導者資格（水泳）や日本赤十字社の水上安全法救助員などの資格を取得。（資格を持っていると有利）

↓

スポーツクラブ、スイミングクラブに就職。

仕事の内容

泳げない人を水に親しませ、泳ぎの手ほどきをしたり、自己流に泳いでいた人をスムーズに泳げるようにするのがスイミングインストラクターの仕事です。

指導員不足のためか、泳げる人は資格がなくてもアシスタントに駆り出されていますが、本来は指導員のライセンスがあり、救急法なども知っていることが望ましいのです。

資格の取り方

公的な資格制度はありませんが、公益財団法人日本スポーツ協会と日本赤十字

社で、資格認定や検定を行っています。

日本スポーツ協会では、スポーツクラブや学校、商業スポーツ施設など、指導する場所や対象、競技レベルに合わせた、競技別指導者資格検定を行っています。資格は、スタートコーチ、コーチ1～4、教師、上級教師の7種に分類。取得に際しての受講条件として、各資格に年齢が規定されており、指導者の場合、受講する年の4月1日現在満18歳以上の者（競技によっては満20歳以上）になっています。

日本赤十字社では、泳ぎの基本と自己保全、事故防止、溺れた人の救助、応急手当の方法などの知識と技術の習得を目指した、水上安全法救助員の講習を行っています。受講資格は、満15歳以上の救急法基礎講習修了者で一定の泳力を有する者となっており、修了後に受講証が交付されます。

問い合わせ先

☐ （公財）日本スポーツ協会スポーツ指導者育成部
東京都新宿区霞ヶ丘町4-2
Tel.03-6910-5812

☐ 日本赤十字社
東京都港区芝大門1-1-3
Tel.03-3438-1311

259

スキーインストラクター
スノーボードインストラクター

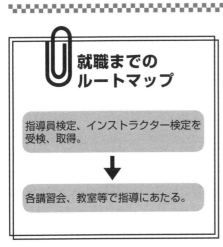

就職までのルートマップ

指導員検定、インストラクター検定を受検、取得。

↓

各講習会、教室等で指導にあたる。

仕事の内容

スキー愛好者たちに正しい基礎知識、基礎技術を教えて、安全にスキーを楽しんでもらえるように指導するのが、スキーインストラクターの仕事です。

スノーボードインストラクターの仕事内容もスキー同様に、基本知識、基本技術、マナーなどの指導にあたります。

資格の取り方

公益財団法人全日本スキー連盟(SAJ)認定のスキー指導員検定は、指導員検定、準指導員検定とに分けられます。いずれも実技、理論の試験が実施されます。

準指導員検定の受検資格は、
①受検年度の4月1日現在18歳以上

②SAJスキー技能検定1級取得者
③加盟団体主催の養成講習を修了
④SAJ会員登録者

指導員検定は、準指導員の資格を取得してから満2年以上を経過すると受検資格が得られます。

日本スノーボード協会（JSBA）では、A～C級のスノーボードインストラクター資格を認定しています。資格の取得には次の段階を経なければなりません。①JSBAの会員になり、バッジテスト2級を受検・合格→②バッジテスト1級を受検・合格またはJSBAのプロ資格所有→③C級インストラクター養成講習会を受講・C級インストラクター取得。

C級を取得後にB級、B級を取得後にA級の取得が可能になります。

収入

各所によって違いがあります。

問い合わせ先

□ （公財）全日本スキー連盟（SAJ）
東京都新宿区霞ヶ丘町4-2

□ 日本スノーボード協会（JSBA）
東京都豊島区巣鴨5-14-6
Tel.03-5980-7245

シェイプアップや健康維持の専門家

エアロビクスインストラクター

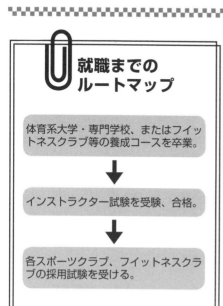

就職までのルートマップ

体育系大学・専門学校、またはフイットネスクラブ等の養成コースを卒業。

↓

インストラクター試験を受験、合格。

↓

各スポーツクラブ、フイットネスクラブの採用試験を受ける。

仕事の内容

　年齢を問わず、幅広い層に人気のあるエアロビクス。健康維持、シェイプアップにと、スポーツクラブなどでレッスンを受ける人が多いスポーツです。

　エアロビクスは他のシェイプアップ運動と違って、身体の隅々に酸素を送る有酸素運動であり、さらに心肺機能を高めたり、筋肉も鍛える全身運動でもあります。

　エアロビクスインストラクターは、レベルに合った指導プログラムを作成し、自ら手本となって指導にあたります。

資格の取り方

　公益社団法人日本フィットネス協会では、グループエクササイズフィットネスインストラクター（GFI）の資格認定を行っており、エアロビックダンスエクササイズ（ADI・ADBI）やアクアダンスエクササイズ（AQDI・AQDBI）など6種目の資格を設けています。

　受験資格は18歳以上の者で、インストラクターおよびインストラクターを目指す者。筆記試験、実技試験があります。

　資格を取得しなくても、インストラクターとして活躍することは可能ですが、業界内で認知されている資格なので、持っていると採用面で有利です。

収入

　所属先や契約の仕方によっても違います。インストラクターの大半は、フリーとして契約する人が多く、1レッスン3000〜5000円です。

問い合わせ先

□（公社）日本フィットネス協会
　東京都中央区日本橋横山町3-1
　横山ダイカンプラザ603
　Tel.03-6240-9861

261

スキューバダイビングインストラクター

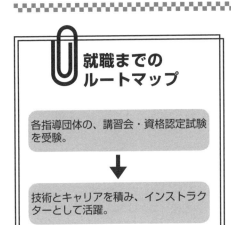

就職までのルートマップ

各指導団体の、講習会・資格認定試験を受験。

↓

技術とキャリアを積み、インストラクターとして活躍。

💼 仕事の内容

スキューバダイビングインストラクターは、初心者向けの基礎技術指導から、救急処置の指導、現地での案内役までこなします。

人命にかかわる危険性の高いスポーツなので、責任が重く絶えず緊張を必要とする仕事です。

証 資格の取り方

ダイビング業界には指導団体がいろいろあり、各団体が独自に指導者資格認定制度を設けています。

世界最大のダイビングネットワークを持つPADIでは、ダイビングインストラクター試験（IE）を実施。参加資格とし

て、ダイバーの認定を受けてから6カ月以上で100ダイブ以上のログ経験を持つ人、IDC（インストラクター開発コース）／OWSI（オープン・ウォーター・スクーバ・インストラクター）プログラム修了日から1年以内の人など。

海洋調査や港湾建設など、業務としてダイビングを行う場合は「潜水士免許」が必要になります。

潜水士試験は公益財団法人安全衛生技術試験協会が行っています。受験資格に制限はありませんが、試験科目は潜水業務、送気・潜降及び浮上、高気圧障害、関係法令と専門的な知識が問われます。

🐷 収入

ダイビング専門店やキャリア、実績によって大きく異なります。

📞 問い合わせ先

☐ PADI・アジア・パシフィック・ジャパン
東京都中央区晴海1-8-10
晴海アイランドトリトンスクエアオフィスタワーX40F
Tel.03-6372-7234

☐ （公財）安全衛生技術試験協会
東京都千代田区西神田3-8-1
千代田ファーストビル東館9階
Tel.03-5275-1088

指導対象や指導場所も多岐にわたる

ヨガインストラクター

就職までのルートマップ

ヨガインストラクター講座を受講して資格を取得。またはヨガスタジオに通いキャリアを積む。

↓

ヨガスタジオやスポーツクラブなどに勤務、または自分の教室を開いて指導にあたる。

仕事の内容

心身のバランスを整えるヨガ。健康にも美容にもつながることから女性人気が高く、日本のヨガ愛好者は年々増えています。

スタジオやジムなどでヨガの指導を行うのがヨガインストラクターです。

資格の取り方

ヨガインストラクターには統一の資格がありません。各団体が独自の資格（修了証）を発行しています。そのため資格がなくても指導は可能ですが、ほとんどの人はヨガインストラクター養成講座を受講して修了証を得てから指導にあたっています。

日本で最も知名度の高いヨガインストラクター資格と言われるのが、全米ヨガアライアンス。日本でも認定校が急増しています。また、国内の団体でも養成講座を開講しています。

養成講座を受講の際は、自分がどのようなヨガインストラクターになりたいか、具体的なビジョンを持って参加する必要があります。伝統的ヨガを修得したいのか、キッズやシニア、マタニティなど専門の指導にもあたりたいかなどで選ぶコースが違ってきます。学ぼうとしている養成講座では何を学べるか、どこまで学べるか、何を身につけられるかを確認することが大切です。

収入

教室の大きさや指導人数、自分で教室を開く場合などで収入の違いはありますが、新人インストラクターの場合、1時間のレッスンで2500〜3000円が報酬の相場と言われます。

問い合わせ先

各ヨガインストラクター養成講座、ヨガスタジオ等へ。

競艇選手

就職までのルートマップ

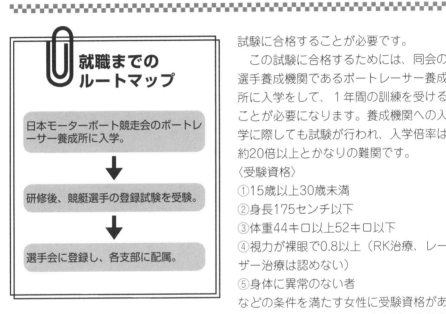

日本モーターボート競走会のボートレーサー養成所に入学。

↓

研修後、競艇選手の登録試験を受験。

↓

選手会に登録し、各支部に配属。

仕事の内容

競艇とはモーターボートに乗って競走する競技で、全国24カ所の競艇場で行われます。現在女性の登録選手は約250名程おり、モーターボート競走の第一線で活躍しています。

女性でもトップクラスになれば、かなりの高収入が得られることから、近年女性の希望者が増えてきています。

資格の取り方

選手になるためには、一般財団法人日本モーターボート競走会が主催する登録試験に合格することが必要です。

この試験に合格するためには、同会の選手養成機関であるボートレーサー養成所に入学をして、1年間の訓練を受けることが必要になります。養成機関への入学に際しても試験が行われ、入学倍率は約20倍以上とかなりの難関です。

〈受験資格〉

①15歳以上30歳未満

②身長175センチ以下

③体重44キロ以上52キロ以下

④視力が裸眼で0.8以上（RK治療、レーザー治療は認めない）

⑤身体に異常のない者

などの条件を満たす女性に受験資格があります。学歴は問われませんが、高校入学程度の学力試験が行われます。

収入

全選手の平均年収は約1800万円。女性選手の中にも、年収が4000万円を超える実力選手もいます。

問い合わせ先

□ （一財）日本モーターボート競走会
ボートレーサー養成所養成課
福岡県柳川市大和町大坪54-1
Tel.0994-76-5051

勝負根性と馬への愛情が必要

競馬騎手

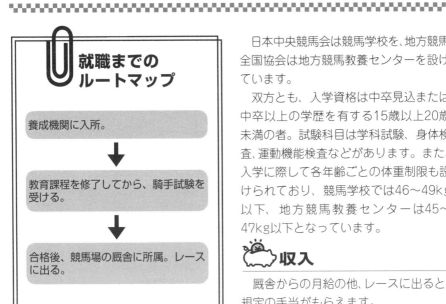

就職までのルートマップ

養成機関に入所。

↓

教育課程を修了してから、騎手試験を受ける。

↓

合格後、競馬場の厩舎に所属。レースに出る。

仕事の内容

騎手は華やかな職業に思われますが、レース以外の日は早朝から馬の調教や世話をするなど、裏方的な厳しい仕事もこなしています。

資格の取り方

競馬騎手になるためには、日本中央競馬会か地方競馬全国協会の行う、新騎手免許試験に合格しなければなりません。免許取得のためには、それぞれの騎手養成機関に入り教育課程を修了してから、騎手試験を受ける人がほとんどです。

日本中央競馬会は競馬学校を、地方競馬全国協会は地方競馬教養センターを設けています。

双方とも、入学資格は中卒見込または中卒以上の学歴を有する15歳以上20歳未満の者。試験科目は学科試験、身体検査、運動機能検査などがあります。また、入学に際して各年齢ごとの体重制限も設けられており、競馬学校では46〜49kg以下、地方競馬教養センターは45〜47kg以下となっています。

収入

厩舎からの月給の他、レースに出ると、規定の手当がもらえます。

問い合わせ先

☐ 日本中央競馬会本部
　東京都港区西新橋1-1-1
　Tel.03-3591-5251

☐ 日本中央競馬会競馬学校
　千葉県白井市根835-1
　Tel.047-491-0333

☐ 地方競馬全国協会
　東京都港区麻布台2-2-1
　Tel.03-3583-6841

☐ 地方競馬教養センター
　栃木県那須塩原市接骨木443
　Tel.0287-36-5511

教室は都心に集中

社交ダンス教師

**就職までの
ルートマップ**

公認ダンス教授所で技術を習得し、講習等を受講。受験資格を得る。

↓

認定試験を受験、合格。

↓

社交ダンス教室の講師に。

 仕事の内容

社交ダンス教師は、初心者にはおもにステップの踏み方などの基礎を、中、上級者には各ダンスのマスターまでパートナーをつとめながら指導をします。

日本では社交ダンスをソーシャルダンス（Social dance）と呼ぶこともありますが、これは和製英語のようなものであり、海外ではボールルームダンス（Ballroom dance）と呼ばれています。

 資格の取り方

公益社団法人全日本ダンス協会連合会

では、ダンス教師資格試験を実施。また、公益財団法人日本ボールルームダンス連盟では、アマチュアダンス指導員、プロフェッショナルダンス教師資格認定試験などを実施しています。

収入

教室の規模や経営方針、本人の実力や経験によりかなり差があります。

また、プロのダンサーとして競技会に出場をして、上位に入賞をすれば賞金が得られます。ただし、競技会の賞金だけで生計を立てているプロはいません。ほとんどが、教室・スタジオなどに在籍して、生徒の指導にあたることで収入を得ています。

その他にも、ショーやデモンストレーションなどでダンスを披露して、報酬を得る人もいます。

問い合わせ先

□（公社）全日本ダンス協会連合会
　東京都港区新橋1-18-13　杉村ビル9階
　Tel.03-3506-8866

□（公財）日本ボールルームダンス連盟
　東京都中央区日本橋浜町2-33-4　日本ダンス会館
　Tel.03-5652-7351

キャディ

ゴルフ場でプレーヤーにつきそい、クラブの持ち運びからボールの行方の確認、クラブ選定のアドバイスなど、プレーを円滑に進めるための進行役兼アドバイザー。女性の活躍が目立つ職業で、既婚者が働くケースも多く見られます。

プレー中のマナーや、ルールについてのしっかりとした知識はもちろんのこと、一日何キロもコースを歩くため、体力も必要です。

問い合わせ先●各ゴルフ場など。

 厩務員

厩舎に預けられている、競走馬の世話をするのが仕事です。女性厩務員が担当した競走馬が、大レースを制することもあり、注目を集める職業です。

中央競馬の場合、競馬学校で半年間の厩務員課程を修め、採用試験に合格することが必要。応募資格は、中学校卒業以上の学歴を有し、牧場で競走馬・育成馬騎乗経験が1年以上ある者等となっています。

問い合わせ先●騎手の欄を参照。

 テニスインストラクター

テニスクラブや講習会で、指導にあたるのが仕事です。テニスの技術はもちろんのこと、男女問わずさまざまな年齢層の指導にあたるため、社交性も求められます。

公認の指導員資格を取得すれば、就職の際有利になりますが、取得にあたり指導歴やコーチ歴が必要になります。

問い合わせ先●(公財)日本テニス協会 Tel.03-6812-9271

プロボウラー

プロボウラーになるためには、公益社団法人日本プロボウリング協会が実施するプロテストに合格しなければなりません。応募資格は16歳以上。第1次テストから第3次テストまであります。

プロになっても、すぐに大会の賞金だけで生活するのは困難。ボウリング場などに勤務し、コーチをしながら技術を磨きます。

問い合わせ先●(公社)日本プロボウリング協会 Tel.03-6436-0310

◇INDEX◇

2025年版

女性の職業のすべて

2023年12月25日発行

編　者　　女性の職業研究会
発行者　　　　青木　一彦

発行所
東京都文京区本郷1-11-16
株式会社 啓明書房
電　話　　03-3811-2772
FAX　　03-3811-2698

印刷／有限会社ミノル印刷
製本／根本製本株式会社

落丁・乱丁本はおとりかえいたします。
定価はカバーに表示してあります。

ISBN978-4-7671-1314-2